V&R

EDITION Leidfaden
Hrsg. von Monika Müller

Die Buchreihe *Edition Leidfaden* ist Teil des Programmschwerpunkts »Trauerbegleitung« bei Vandenhoeck & Ruprecht, in dessen Zentrum seit 2012 die Zeitschrift »Leidfaden – Fachmagazin für Krisen, Leid, Trauer« steht. Die Edition bietet Grundlagen zu wichtigen Einzelthemen und Fragestellungen im (semi-)professionellen Umgang mit Trauernden.

Felix Grützner

Trauer und Bewegung – Von der Kraft der Körperlichkeit

Vandenhoeck & Ruprecht

*Hiltrud Weller, Monika Müller, Matthias Schnegg und
Martina Kern, die mich im besten Sinn in Bewegung
gebracht haben und von denen ich lernen durfte und darf*

*Conny M. und Sibylle P. für ihr Vertrauen
und ihre Offenheit*

Mit 16 Abbildungen

Bibliografische Information der Deutschen Nationalbibliothek
Die Deutsche Nationalbibliothek verzeichnet diese Publikation in der
Deutschen Nationalbibliografie; detaillierte bibliografische Daten sind
im Internet über http://dnb.d-nb.de abrufbar.

ISBN 978-3-525-40616-8

Weitere Ausgaben und Online-Angebote sind erhältlich unter:
www.vandenhoeck-ruprecht-verlage.com

Umschlagabbildung und Fotos im Buch: Anna C. Wagner, Köln

© 2018, Vandenhoeck & Ruprecht GmbH & Co. KG,
Theaterstraße 13, D-37073 Göttingen
www.vandenhoeck-ruprecht-verlage.com
Alle Rechte vorbehalten. Das Werk und seine Teile sind urheberrechtlich
geschützt. Jede Verwertung in anderen als den gesetzlich zugelassenen
Fällen bedarf der vorherigen schriftlichen Einwilligung des Verlages.
Printed in Germany.

Satz: SchwabScantechnik, Göttingen
Druck und Bindung: ♁ Hubert & Co. GmbH & Co. KG BuchPartner,
Robert-Bosch-Breite 6, D-37079 Göttingen

Gedruckt auf alterungsbeständigem Papier.

Inhalt

Einleitung 9
Walzer im Tränenpalast? 9
Bewegung – Vorbemerkung zur Begrifflichkeit 14

1 Trauer ist Bewegung: Ausdrucksformen der Klage 17
Körperliche Dimensionen 18
Gegenbewegung 20
Zerstörte Ordnung 20
Außenbewegung 21
Außenbewegung als Trauerausdruck 22
Achtsamer Umgang 23
Bewegung nimmt Raum 24
Klage sucht das Gegenüber 25

2 (Aus-)Wege: Erhebe dein Gesicht! 27
Kreuzweg upside down 28
Wegfindung 28
Verortung 29
Wert des Stillstands 30
Den Blick erheben 32

3 Raus aus dem Kopf: Kraft der Körperlichkeit 35
Auf dem Schulhof 36
Selbstwahrnehmung durch Bewegung 37
Grenzen der Körperlichkeit 38
Hingabe an den Augenblick 39
Wirkung von außen nach innen 41
Verkörperung 42
Gehen und kommen lassen 44
Selbstwirksamkeit erfahren 45

4 Spielraum – Bewegungsraum: Orte der Bewegung 49
Der öffentliche Raum 49
Privater Raum 51
Geschützter Raum 52
Bewegungsraum Ritual 53
Bewegungsräume für Trauernde 55
Spielraum Seminar 55
Begegnungsräume 57

5 Tanz und Trauer: (Er-)Lösung? 61
Tanz als spirituelle Praxis: Erfahrungsbericht eines Lebenstänzers 61
Ausdruckstanz am Altar 63
Schauend sich mitbewegen 64
Tanz als Dienst 66
Tanz bei Trauerfeiern 67
Klagen in Tanzen verwandeln 69
Lebenstanz – nicht Totentanz 69
Die Tür öffnen – Erfahrungsbericht einer Tochter 71
Nähe spüren – Erfahrungsbericht einer Mutter 73
Kraft des Tänzerischen 75
Weinende Hände 76
Der innere Tanz 77
Lösung? 78

6 Bewegung ist Haltung: Trauernde begleiten 81
Haltung annehmen? 81
Wagnis Nähe – Mind the Gap 82
Haltung zwischen Stabilität und Labilität 84
Bewegung ermöglichen 86
Bewegung als Grenzerfahrung 87
Bewegung als Ressource – eine Checkliste 88
Bewegung bleibt Wagnis 90
Wir dürfen stehenlassen! 91
Bewegte Begleiterinnen und Begleiter 92
Einstimmung des Instruments 93
Ergänzung zur klassischen Supervision 94
Den Körper sprechen lassen 94

Der Wald der Schwankenden 96
Doch ein Walzer? 98

7 Es wird gehen: Wegweiser und Übungsformen 101
Mögliche Effekte körperlicher Bewegung im Trauerprozess 102
Übungen 103

Schlussbemerkung: Leben ist Bewegung – manchmal sogar Tanz 113

Literatur 115

Einleitung

Walzer im Tränenpalast?

Berlin, Friedrichstraße. Neben dem Bahnhofsgebäude liegt heute etwas abseits vom täglichen Gedränge der »Tränenpalast«, die ehemalige Ausreisehalle der Grenzübergangsstelle Friedrichstraße. Seit 2011 ist hier die Ausstellung »Alltag der deutschen Teilung« zu sehen. Zwischen 1962 und 1989 verabschiedeten hier Ost-Berliner Bürger, die keine Reisefreiheit hatten, ihre Besucher aus dem Westen. Der Volksmund gab diesem Zweckbau einen poetischen Namen: Tränenpalast. Er ist ein »real existierender« Symbolort des Abschieds, der Verlusterfahrung und damit der Trauer.

Stellen wir uns vor, was sich in den Jahren der deutschen Teilung tagtäglich in dieser Halle vollzog; versetzen wir uns für einen Moment an diesen Ort und werden zu imaginären Zeugen des Geschehens: Wir stehen oberhalb auf einer Balustrade und schauen hinab in die Halle. Von den Gesprächen der Reisenden oder den knappen Anweisungen der Grenzbeamten können wir nur ein undefinierbares Rauschen und Brummen vernehmen. Unser Blick schweift über die Menschen dort unten, bleibt hier und dort hängen.

Eine junge Frau mit Kopftuch winkt heftig mit dem rechten Arm und scheint dabei auf den Zehenspitzen zu balancieren, um sich größer zu machen. Wir folgen ihrem angestrengten Blick, können aber das Ziel ihrer Geste in der Menge nicht ausmachen. Ihr scheint es ähnlich zu gehen. Resigniert lässt sie Arm und

Blick sinken, wendet sich um und verschwindet im Strom der Menschen. Nicht weit von der Frau mit dem Kopftuch umarmen sich ein älterer und ein jüngerer Mann. Ihre Arme greifen fest umeinander und beide Körper pressen sich eng aneinander. Ihre Gesichter können wir nicht sehen, doch scheint die Intensität ihres Abschiednehmens auch so spürbar. Jetzt lösen sich die Arme und beide treten einen Schritt zurück. Unbeweglich stehen sie in der Menge. Das Gesicht des älteren Mannes spricht Bände: die Stirn in Falten geworfen, die Augen unentwegt über das Gesicht seines Gegenübers wandernd, der Mund zusammengekniffen. Ohne dass er ein Wort spricht, meinen wir zu hören: »Pass auf dich auf!« und »Vergiss mich nicht!« und »Ich schaffe das schon!« Das Gesicht des jungen Mannes sehen wir nicht.

Das junge Pärchen weiter vorne will gar nicht voneinander lassen. Sie halten sich an beiden Händen, die Finger eng ineinander verflochten, als wollten sie sich miteinander verknoten. Sie weint und fragt mit wortlosem Blick: »Warum?« Er weint nicht, doch seine hochgezogenen Schultern und sein versteinertes Gesicht sprechen von tiefer Verzweiflung. Dann dreht er unter größter Kraftanstrengung den Kopf hin zur großen Uhr in der Halle. Als er sich zurückwendet, ist alle Spannung aus seinem Körper gewichen. Seine Finger entgleiten denen seiner Geliebten und er geht langsam, wie von einer unsichtbaren Kraft gezogen, rückwärts stolpernd zu den Abfertigungsschaltern. Sie beginnt erst langsam, dann immer schneller den Kopf zu schütteln. Ihr Mund ist jetzt geöffnet. Ihr Schrei geht im allgemeinen Lärm in der Halle unter.

Nur drei imaginierte Episoden von hunderten, die sich täglich so oder ähnlich im Tränenpalast abgespielt haben werden, sei es dramatisch oder ganz unauffällig. Zwei Dinge vermögen sie vor Augen zu führen: Die deutsche Teilung war Ursache tiefen menschlichen Leids. Und: Jenseits aller Worte findet Leid seinen Ausdruck über den Körper, in Blicken, in Gesten, in Haltungen und Bewegungen. Und wir als Zuschauende, als Zeugen, ahnen, was im Inneren dieser Menschen vor sich geht.

Abschied nehmen müssen, Abschied (er-)leben müssen und Verlust erfahren: Das, was wir Trauer nennen, ist Teil jeden menschlichen Lebens. Wir müssen Abschied nehmen von Menschen, Dingen, Orten, Zeiten, Fähigkeiten. Ohne ihn, sie oder es zurückzubleiben oder weitergehen zu müssen, das verändert, das macht etwas mit uns oder aus uns. Trauer lässt uns weder unberührt noch unbewegt, selbst da, wo nicht einmal wir selbst dies wahrnehmen. Wie wir als imaginierte Zeugen im Tränenpalast sahen, bringt uns die Erfahrung von Verlust meist ungewollt in Bewegung – oder eben aus der Bewegung in die Erstarrung.

Ist Bewegung – oder Erstarrung als »Nicht-Bewegung« – Ausdruck von schmerzhaftem Verlust und Trauer, so lässt sie ein inneres Geschehen außen sichtbar werden, in Tränen, im verkniffenen Mund, in verkrampften Händen oder im leeren Blick und in automatisierten Handlungen.

So wie eine Verlusterfahrung uns unfreiwillig bewegt oder aus der Bewegung in die Erstarrung führt, können andere Erfahrungen uns herausbewegen aus der Trauerbewegung oder Trauererstarrung. Bewegung im Innen wie im Außen kann Impulse setzen, kann hilfreich unterstützen, wenn es darum geht, Haltungen zu verflüssigen, neue Standpunkte zu finden oder (Aus-)Wege zu bereiten. Der Vergleich mit den Kugeln auf dem Billardtisch liegt nahe: Kugeln werden angestoßen und geraten in Bewegung, sie rollen, bleiben liegen, stoßen andere Kugeln an oder werden über die Bande abgelenkt. Ein neuer Stoß verändert die Situation, Kugeln werden wieder in Bewegung versetzt. Anders aber als beim Billard vermögen Menschen sich grundsätzlich auch *aus sich heraus* eigenständig zu bewegen, nicht allein durch den Anstoß von außen. Und natürlich ist menschliches Leben nicht wie der mit der Wasserwaage ins absolute Lot gebrachte und fixierte grüne, weiche und griffige Filz, auf dem die Kugeln optimal gleiten können. Unser Leben kann im Ganzen in Bewegung und aus dem Lot geraten, so als würde jemand den gesamten Spieltisch verrücken und schräg stellen. Und der »Filzteppich« unserer Lebensgrundlage hat manchmal durchgescheuerte Stellen, blank gerieben von der Zeit oder schweren Erfahrungen. Dann bleiben die Kugeln hängen oder geraten ins Schlingern.

Trauer hat viel mit Bewegung oder deren Verlust zu tun. Bewegung wiederum kann von großer Bedeutung sein im Umgang mit dem, was Verlusterfahrungen in uns und mit uns geschehen lassen. Dieses Buch möchte den unterschiedlichen Zusammenhängen zwischen Trauer und Bewegung nachspüren: Welche Bewegung im Innen und im Außen kann Trauer bewirken? Wie kann Bewegung Trauerprozesse begleiten? Welche Formen der Bewegung können für Trauernde hilfreich sein?

Kehren wir noch einmal in den Tränenpalast zurück: Welche Szenen haben sich dort wohl am 9. November 1989, dem Tag der Grenzöffnung, abgespielt? Es wurde nicht dokumentiert. Aber wir können uns vorstellen, wie statt Tränen der Trauer nun solche der Freude flossen und hier und da Menschen zu einer imaginierten Musik anfingen, miteinander Walzer zu tanzen. Happy End also? Mit der Grenzöffnung endete manches Leid, doch entstand durch sie auch neues. Eine nächste Szene könnte in einer kleinen Stadt in der Uckermark spielen, wo im Spätherbst 1989 eine Gruppe Jugendlicher ihre Heimat verlässt, um im Westen ihre Zukunft zu suchen. Umarmungen, Tränen, verkniffene Münder …

Wenn in diesem Buch von Trauer die Rede ist, dann geht es in erster Linie um die Verlusterfahrung durch den Tod eines Menschen. Was jedoch für die daraus resultierenden Situationen gilt, trifft auch für andere Verlusterfahrungen zu: für den Verlust der Gesundheit infolge einer schweren oder chronischen

Erkrankung oder das Ende einer intensiven Beziehung, um nur zwei Beispiele zu nennen. Bewegung hat für alle Formen der Trauer eine Bedeutung.

Es wird in diesem Buch nicht darum gehen, durch Bewegung Trauer zu überwinden oder in ein Leben ohne Trauer zu gelangen. Vielmehr wird es um mögliche Wege durch die Trauer gehen. Das Buch möchte dazu beitragen, die Zusammenhänge zwischen Trauer und Bewegung besser verstehen zu können, und eine Ahnung davon vermitteln, welches Potenzial die Kraft der Körperlichkeit für trauernde Menschen bergen kann.

Bewegung – Vorbemerkung zur Begrifflichkeit

Der Begriff der Bewegung wird im Folgenden in unterschiedlicher Weise genutzt und erhält unterschiedliche Vorsilben, um den Charakter der jeweils gemeinten Bewegungsform zu spezifizieren. Bezeichnet *Innenbewegung* Veränderungen und Wechsel im Denken, Fühlen und Wahrnehmen des Menschen, so zielt *Außenbewegung* auf die körperliche Dimension: Veränderungen in der Körperhaltung, im körpersprachlichen Ausdruck oder durch Fortbewegung und Ortswechsel. Außenbewegung ist eine wahrnehmbare oder wahrgenommene Bewegung: Ein Mensch geht mit hängenden Schultern und leerem Blick über die Straße, einige Passanten sehen dies, andere nicht. Zu Innen- wie zu Außenbewegung kann es *Gegenbewegung* geben. Diese kann vom Individuum selbst ausgehen oder ihm von außen, von mehr oder weniger nahestehenden Menschen entgegengebracht werden: das Angebot, gemeinsam einen Spaziergang zu machen, oder die Anweisungen der Physiotherapeutin, den Hals lang zu machen. Gegenbewegung kann als Antwort auf eine bereits erfolgte oder sich vollziehende Außen- und/oder Innenbewegung verstanden werden. Sie kann auch auf Formen der Unbeweglichkeit zielen. Schließlich gibt es die Eigen- und die Fremdbewegung, die beide eine Wirkung auf das Individuum haben können. In der *Eigenbewegung* wohnt die für sie notwendige Energie im Individuum selbst, aus dem heraus auch der Impuls zur Bewegung entspringt. Eigenbewegung kann aber auch die Folge eines von außen erfolgenden Anstoßes sein: Die Einladung zum gemeinsamen Spaziergang wird angenommen und der Mensch verlässt das Haus. Eigenbewegung ist aktives, aber nicht zwingend bewusstes Tun. *Fremdbewegung* hingegen meint Bewegung in der Umwelt des Individuums, in der es umgebenden Natur oder in den Menschen in seiner Umgebung. Das Individuum erfährt Fremdbewegung als Wahrnehmung beispielsweise in der Betrachtung eines fallenden Blattes oder einer sich drehenden Tänzerin. Eine mögliche Folge von Fremdbewegung kann eine Eigenbewegung sein: Der Mensch läuft auf das Blatt zu, um es aufzufangen (Außenbewegung), oder fühlt sich angesichts der leichtfüßigen Tänzerin wie selbst emporgehoben (Innenbewegung). Es versteht sich von selbst, dass kaum eine der hier beschriebenen Bewegungsformen für sich allein existiert. Sämtliche Bewegungsformen können ineinandergreifen, einander entgegenlaufen oder ineinander übergehen. Den Begriff der *Trauerbewegung* verwende ich in diesem Buch für das Mit-, Gegen- oder Nacheinander aller möglichen Bewegungsformen im besonderen Kontext der Verlusterfahrung und ihrer Folgen für den Menschen – im Außen wie im Innen.

1 Trauer ist Bewegung: Ausdrucksformen der Klage

»Trauer kommt in jedes Leben«, als »Patin des Verlustes« lernen wir sie schon in frühester Kindheit kennen und sie begleitet uns ein Leben lang (Müller u. Schnegg, 2016, S. 13 ff.). Sie verlangt oder erzwingt Bewegung: als »persönlicher Werde-Gang« (S. 28) oder als »Weg der Trauer« (vgl. hierzu Brathuhn, S. 109–113). Erfasst sie uns, verändert sich etwas in unserem Innern. Der trauernde Mensch kann von zum Teil heftigen Emotionen erfasst werden: Angst, Wut, Verzweiflung, Ohnmacht – um nur wenige der vielen Ausdrucksarten der Trauer zu benennen. Emotionen sind »Herausbewegungen« (von lat. *emovere* = herausbewegen). Sie sind nicht Stillstand und Erstarrung. Wohl können beide die Folge sein: aus dem gewohnten, leichtfüßigen Lebenstritt geraten, hinfallen oder schmerzhaft wie gegen eine Wand prallen. Aus einem bewegten Zustand hineingezwungen werden in ein Erleben der Bewegungslosigkeit, die nicht selten von einer bleiernen Gefühllosigkeit begleitet wird.

Conny M., die ihre 22-jährige Tochter vor knapp zehn Jahren durch Suizid verloren hat und die vor einigen Jahren eines meiner Seminare besucht hat, beschreibt ihr Trauererleben so: »Es war, als ob ich innen einfrieren würde.« Dieses gefühlte Erkalten, der Verlust von Wärme und Bewegungsfähigkeit, auch von emotionaler Schwingungsfähigkeit, waren für Conny, der wir im weiteren Verlauf des Buchs immer wieder begegnen werden, inneres Erleben und körperliche Wahrnehmung. Ein Erleben, das für sie in größtem Widerspruch stand zu dem, was alles sich im Außen weiterhin bewegte: »Alles geht einfach so weiter! Das darf doch nicht sein!«

Das »normale« Leben geht weiter – »einfach so«!? Oder sollte man sagen: Es geht weiter, unbarmherzig und unberührt von einem Schicksalsschlag, der doch jedes »Weiter« unmöglich erscheinen lässt? Der Tag folgt unaufhaltsam der Nacht und Zeit vergeht, das Leben der anderen läuft weiter in Arbeit, Freizeit, in Banalitäten und Besonderheiten. Und auch das eigene Leben geht weiter: Man wird müde und schläft oder versucht es wenigstens, man hat Hunger und isst, wenn auch schlecht oder ohne Appetit. Und am nächsten Morgen bringt der Briefträger die Post – als wäre nichts geschehen!

Viele Trauernde können nicht begreifen, dass Leben auch nach dem Verlust eines geliebten Menschen weitergeht, sich fortbewegt. Schmerzvoll scheint sich hier zu bewahrheiten, was Blaise Pascal (1623–1662) über das Menschsein geschrieben hat: »Unsere Natur liegt in der Bewegung. Die vollkommene Ruhe ist der Tod« (Pascal, 1687, Übers. F. G.). Selbst in und nach der Begegnung mit dem Tod bleiben wir in Bewegung oder werden in Bewegung versetzt, sei es in äußerlichen, vermeintlich banalen Alltagsverrichtungen, sei es in innerer heftiger Gefühlsbewegung oder im permanenten Kreisen um die eine Frage: Warum?

Körperliche Dimensionen

Wie nun kann sich Trauerbewegung äußern? Laut und leise: in Tränen, Schluchzen, Stöhnen, Schreien, Um-sich-Schlagen genauso wie im Verstummen, Erstarren oder einem So-wie-Immer; die Möglichkeiten sind unzählige. Auf der körperlichen Ebene kann eine Verlusterfahrung, wie andere seelische oder körperliche Traumata (Verletzungen), extremen Stress auslösen.

Wie unter einer akuten körperlichen Bedrohung reagiert der Mensch dann in Teilen unkontrolliert und reflexartig. Physiologische Reaktionen erstrecken sich unter anderem auf die Atmung, auf Blutdruck und Herzfrequenz, das Verdauungssystem, den Muskeltonus (vgl. hierzu Hülshoff, 2006, S. 87 ff.). Ebbt die erste Schockwelle ab, können diese Reaktionen zurückgehen. Manche von ihnen bleiben aber über einen kürzeren oder längeren Zeitpunkt ständige Begleiter. Schlaf- und Verdauungsstörungen und nicht selten schmerzvolle Muskelverspannungen können neben anderen Symptomen die Folge sein. Wird das traumatische Geschehen des Verlustes auch nach längerer Zeit plötzlich und intensiv wieder erinnert, können die Akutreaktionen erneut auftreten.

Nicht jede oder jeder Trauernde erlebt heftige körperliche Reaktionen. Dennoch berichten viele Menschen Ähnliches: Appetitverlust und Antriebslosigkeit, Müdigkeit am Tag und Schlaflosigkeit in der Nacht, schmerzende oder empfindungslose Körperpartien und anderes mehr. Wo der Verstand nicht fassen kann, was im Verlust geschieht, wird der Körper zum Ausdrucksort des schmerzvollen Geschehens, lange bevor der Mensch Worte finden kann für das, was er durchlebt. Ohne organische Ursachen kann sich beispielsweise das Gangbild eines Menschen verändern und er oder sie beginnt unbewusst zu humpeln – so als zeige der Körper in seiner »behinderten« Bewegungsfähigkeit, dass etwas oder jemand nicht mehr intakt ist, dass etwas oder jemand verlorengegangen ist.

Zugleich beobachten viele Menschen in dieser Situation, wie sie zu verlernen scheinen, diese oder andere Signale des Körpers wahrzunehmen. Nicht wenige erleben eine Zeit der Selbstvernachlässigung. So ging es auch Conny: »Das, was dir guttut, lässt du zuerst weg!« Erst nach geraumer Zeit realisierte sie, dass sie sich vieles nicht mehr gönnte, was ihr früher Wohlbefinden verschafft hatte: gutes Essen, ein warmes Bad oder ein Spaziergang.

Weil »es« nicht gut ist, weil die Situation nicht gut ist, scheint auch das sonst Gute wegzumüssen.

Gegenbewegung

Schon hier ahnen wir, wie wertvoll es sein kann, wenn Menschen im Umfeld des trauernden Menschen liebevoll auf Grundbedürfnisse des Körpers hinweisen und Hilfsangebote machen. Das Mitbringen einer Suppe oder die Einladung zu einem Spaziergang können hilfreiche Gegenbewegungen zur oben geschilderten Trauerbewegung werden. Was nicht mit der Erwartung verknüpft werden sollte, dass sich der Appetit auch gleich einstellt oder die Einladung angenommen wird. Möglicherweise braucht es den richtigen Zeitpunkt, um diese Angebote wirksam werden zu lassen, oder andere Impulse, die erst noch zu finden sind. Dennoch wird der oder die Trauernde die Bewegung auf sich zu in diesen Angeboten wahrnehmen können – als eine Bewegung, die Gefühle der Isolation und des Abgeschnittenseins mindern kann.

Zerstörte Ordnung

Viele trauernde Menschen geraten aus dem Tritt, sie verlieren die Orientierung, weil nichts mehr zu sein scheint wie zuvor. Dieses Erleben können wir uns in räumlichen Dimensionen vorstellen. Die bisher erlebte (An-)Ordnung wird als verlorengegangen empfunden, weil ein bedeutender Teil dieser Ordnung – etwa der geliebte Mensch, der gestorben ist – seinen Platz verlassen hat. Die Beziehungen der Lebensdinge zueinander verlieren Struktur und Sinn. Viele Trauernde erleben eine Phase, in der sie von der Angst heimgesucht werden, den Verstand zu verlieren. Sie werden ihres gewohnten Lebensortes und Lebensstandpunktes beraubt und glauben verrückt zu werden: Verrücktwerden hier als ein gewaltsam erlebtes Bewegtwerden und Ausgeliefertsein, eine unfreiwillige und passive Bewegung, die mit dem beängstigenden Verlust der Selbstwirksamkeit einhergeht (vgl. hierzu Bandura, 1994, S. 71–81).

Außenbewegung

Neben der inneren Bewegtheit, von der die Außenwelt manchmal gar nichts wahrnimmt, und dem empfundenen unfreiwilligen Bewegtwerden zeigen trauernde Menschen unterschiedlichste Formen der Außenbewegung, das heißt der Bewegung mit bzw. durch den Körper. Im Schockzustand der Trauer gibt es Menschen, die nicht stillsitzen können, sondern sich viel und manchmal sogar exzessiv bewegen. Dies geschieht vielfach, ohne dass die Betroffenen es selbst bemerken oder gar reflektieren.

Conny geriet nach dem Suizid ihrer Tochter immer wieder in starke Außenbewegung. Dann lief sie durch das Haus, in das Zimmer ihrer Tochter, sah deren Sachen durch, ordnete sie, faltete Kleidungsstücke, putzte, räumte auf, wieder und wieder. Heute beschreibt sie sich damals als »Tigerin im Käfig«. In ihrem Inneren war sie dabei starr fixiert auf eine einzige Frage: Warum musste mein Kind sterben?

In der innerlichen Schockstarre führen Menschen gelegentlich Außenbewegungen durch, die Außenstehenden in ihrer Normalität befremdlich erscheinen. Da geht ein junger Familienvater, der vor wenigen Tagen seine Frau verloren hat, wie gewohnt jeden Morgen auf seine Joggingrunde. Da zieht es Jugendliche nach dem Verlust eines Familienmitglieds am Wochenende scheinbar wie immer in die Diskothek, oder vielleicht sogar noch häufiger als zuvor. Da werden die Fenster mit größter Intensität und Hingabe geputzt, obwohl sie doch gar nicht schmutzig waren. Vielleicht entdecken vertraute Menschen im Umfeld in diesen scheinbar so normalen und gewohnheitsmäßigen Bewegungen, dass etwas darin anders ist: das sonst gelassene, jetzt verbissene Gesicht des Joggers, der auch deutlich schneller läuft als sonst; die außergewöhnlich Raum greifenden, fast aggressiven Tanzbewegungen des Teenagers; die hektischen Reibebewegungen mit verkrampfter Hand auf der spiegelblanken Fensterscheibe. Bleiben diese Dimensionen des »Anders-als-Sonst« in den gewohnten Außenbewegungen jedoch verborgen, sorgen diese nicht selten für Irritation und Unverständnis im Umfeld: »Wie kann man einfach so weitermachen wie bisher?« Doch können gerade diese gewohnheitsmäßigen Bewegungen Rettungsanker in einer haltlosen Zeit der Trauer sein.

Außenbewegung als Trauerausdruck

Die gewohnte Außenbewegung kann wortloser Ausdruck der Trauer und der Hilflosigkeit im Angesicht des unverstehbaren Geschehens von Verlust und Tod sein. Mal wird sie als solche erkannt werden können, mal bleiben die dahinterliegenden Trauerdimensionen verborgen. Die Tanzpädagogin Dore Jacobs (1894–1979) geht jedoch in ihrem bedeutenden Werk »Die menschliche Bewegung« (1972) davon aus, dass in jeder unserer Körperbewegungen – selbst im Halten einer Kaffeetasse – bewusst oder unbewusst immer auch etwas von uns selbst zum Ausdruck kommt, ob wir dies wollen oder nicht. Unsere Alltagsbewegungen sprechen als Körpersprache davon, wer wir sind, woher wir kommen und wie es uns gerade geht: »Bewegung ist die Sprache des Menschen. Über alle äußeren Zwecke hinaus ist sie das Instrument, mit dem er äußert, was in ihm lebt und wirkt. […] Bewegung ist mehr als Zwecktun, sie ist eine Äußerung des gesamten Menschen, nicht nur des Körpers« (Jacobs, 1985, S. 21). Wir kennen das von uns selbst: Sind wir entspannt und fühlen uns wohl, nehmen wir eine andere Sitzhaltung ein, als wenn wir nervös und angespannt sind. Wer uns kennt, der wird dies wahrnehmen und wissen, dass etwas in uns »umgeht«.

Schauen wir selbst auf Menschen, die wir kennen oder um deren Situation wir wissen, so werden wir in ihren oder seinen Körperbewegungen, in Gestik, Mimik, Haltung und Fortbewegung danach suchen, wie »es« geht – oder ungewollt darauf gestoßen werden. Kommt jemand auf uns zu, werden wir die Gangart registrieren, vielleicht auch einordnen: gespannt und fahrig oder verlangsamt und schlurfend; der Blick ist leer, die Mundwinkel hängen oder die Augen blitzen voller Zorn und die Kiefermuskeln treten angespannt hervor.

Achtsamer Umgang

Was aber ist zu tun, wenn wir in der Außenbewegung der Körpersprache etwas Außergewöhnliches wahrnehmen? Etwas, das in uns einen Reflex oder den Gedanken an ein Tun oder Sagen auslöst? So es uns möglich ist und wir nicht von der Intensität des Augenblicks überrollt werden, sollten wir stets das Wahrgenommene zu überprüfen versuchen. Denn Körpersprache ist nicht eindeutig. Manchmal »hören« wir in den Außenbewegungen unseres Gegenübers etwas, das er oder sie gar nicht »gesagt« hat. Warum besteht diese Gefahr? Weil wir um die Situation des Menschen wissen, weil wir uns einfühlen können (was eine wunderbare Gabe des Menschen ist!) und/oder weil wir eigene Gedanken und Gefühle mitbringen, die mit dem von uns Beobachteten zusammenzupassen scheinen, und weil wir das Wahrgenommene interpretieren. Innezuhalten und kurz zu reflektieren, ist hier von großer Bedeutung – auch aus einem weiteren wichtigen Grund: Bevor wir auf die für wahr genommene »Aussage« unseres Gegenübers mit einer Aktion in Wort oder Tat reagieren, sollten wir zwei entscheidende Fragen beantwortet haben: Bedarf es hier und jetzt – oder überhaupt – einer »Antwort« und wie könnte eine angemessene Antwort aussehen, was braucht es?

Bewegung nimmt Raum

Trauerbewegung kann sich ungebremst Bahn brechen und Raum nehmen. Meine Freundin und Kollegin Martina K., die als Krankenschwester in einem Team der spezialisierten ambulanten Palliativversorgung (SAPV) seit vielen Jahren schwerstkranke und sterbende Menschen und deren Zugehörige zu Hause versorgt und begleitet, schildert mir eine Szene am Sterbebett:

»Da komme ich in das Zimmer des Sterbenden und die ganze Familie sitzt dort um ihn versammelt und folgt mit höchster Anspannung und Aufmerksamkeit den letzten Atemzügen des Vaters. Mich nehmen sie gar nicht wahr. Ein Bild der völligen Unbeweglichkeit um die immer schwächere Atembewegung des Sterbenden herum. Dann der letzte Atemzug, der ganz sacht verklingt. – Und plötzlich der abrupte Wechsel: Die Tochter schluchzt heftig und scheint sich in Tränen aufzulösen, der ältere Sohn stöhnt auf, die Mutter bleibt stumm. Dann kommt hektische Bewegung auf: Der jüngere Sohn verlässt eilig das Zimmer, die Tochter öffnet das Fenster, die Ehefrau eilt zu ihrem toten Ehemann und küsst ihn auf die Stirn, der ältere Sohn fragt: ›Was müssen wir jetzt tun?‹«

In dieser Beschreibung erscheinen zwei Aspekte von besonderer Bedeutsamkeit. Da ist die hohe Würdigung der im Umfang so kleinen Bewegung im Atemholen des sterbenden Menschen durch das Zurücknehmen jeglicher weiteren Bewegung im Raum. Und da ist die unmittelbar nach dem Sterben einsetzende Bewegung der Lebenden, die der Bewegungslosigkeit des Verstorbenen mit Trotzmacht entgegengesetzt wird.

Klage sucht das Gegenüber

Trauer hat ganz unterschiedliche Ausdrucksformen. Solche, die uns vertraut oder »angemessen« erscheinen, andere, die ob ihrer scheinbaren Normalität irritieren, weitere, die sich nur im Innern des trauernden Menschen ereignen. Gemeinsam ist ihnen, dass sie alle mit Bewegung verbunden sind: Hier ist Trauer wort**lose** Klage. Die wort**volle** Klage, in der das Unbegreifliche des Verlustes stammelnd, flüsternd, schreiend oder sachlich in Sprache Form zu finden versucht, auch sie kann als Trauerbewegung verstanden werden, als ein von innen nach außen, ein »Vom-Vorsprachlichen-ins-Wort« oder ein »Von-mir-zu-dir«. Klage – mit oder ohne Worte – ist eine Bewegung vom trauernden Menschen weg, gerichtet auf oder gegen die Welt, auf ein »Du« oder »Ihr«, auf oder gegen ein »Hinter-der-Welt« vielleicht in der Person eines Schöpfergottes oder gegen eine Klagemauer, die manchmal wir als Begleiterinnen und Begleiter, als Familienangehörige oder Freundinnen und Freunde der Trauernden, sein können. Dann liegt im wort- und/oder tatenlosen Still- und Aushalten als Mit-Mensch die angemessene Antwort. Unbeweglichkeit und vermeintliches »Nichtstun« können in diesen Situationen als Standfestigkeit und Stabilität verstanden werden, als ein »Ver-Halten«, das Trauerbewegung auffangen oder ihr ein Gegenüber sein kann.

2 (Aus-)Wege: Erhebe dein Gesicht!

Conny bemerkte irgendwann, wie sie sich nach dem Tod ihrer Tochter angewöhnt hatte, ständig im Haus umherzulaufen, zu räumen, zu ordnen und sie dabei wie besessen um die Warum-Frage kreiste. Sie fand für sich einen (Aus-)Weg: »Bewegung kann das Gedankenkarussell stoppen.« Für Conny waren das zunächst lange Spaziergänge. Sie gewöhnte sich an, bei jedem Wetter hinauszugehen und sich der Natur auszusetzen. Sie fand einen Weg, der für sie zur täglichen Runde wurde, und auf dem sie sich Sonne, Regen, Schnee und Wind aussetzte. Diese Gänge halfen ihr immer dann besonders, wenn sie wieder einmal in der inneren Gedanken-Dauerschleife hing, was sie stets als enorm ermüdend und zermürbend empfand. Im Gehen konnte sie das alles für den Moment hinter sich lassen.

Diese Wegfindung bedeutete schon ein gehöriges Maß an »Bewegungsarbeit«, die damit einsetzte, dass Conny sich selbst (wieder) wahrnehmen konnte. Sie trat gedanklich aus sich selbst heraus und schaute auf diese unentwegt grübelnde Frau, die sie geworden war. Von dieser Warte aus konnte sie ihren inneren Blick erheben, über die Begrenztheit ihres Gedankenkarussells hinaussehen und einen ersten (Aus-)Weg im Hinaustreten in die Natur finden. Wir ahnen, dass ein solcher Schritt hinaus nicht von außen erzwungen werden kann und sich auch nicht für jeden Menschen eröffnen wird. Wir werden immer wieder Menschen erleben, die den eingegrenzten Radius ihrer Trauerwelt nicht weiten – weil sie dies nicht können oder nicht wollen.

Kreuzweg upside down

Conny erlebte auf ihren zur Routine werdenden Spaziergängen Ablenkung, die wohltat, weil sie unterwegs durch die sinnliche Wahrnehmung, etwa den Wind auf ihrer Haut, herausgeholt wurde aus dem inneren Kreisen. Ihr zur Gewohnheit werdender Weg führte Conny hinauf in die Kreuzweg-Kapelle auf einem Hügel in ihrem Wohnort. Dies war der erste Anlaufpunkt ihrer Strecke. Doch nahm sie nicht den üblichen Weg hinauf, entlang der 14 Kreuzwegstationen. Von hinten her näherte sie sich der Kapelle und ging nach einem kurzen Moment des Verweilens von dort den Kreuzweg hinab in umgekehrter Reihenfolge: zuerst die Grablegung, dann Kreuzabnahme, dann Kreuzigung, dann Entkleidung und so weiter. Auf meine Frage, warum sie denn so herum gegangen sei, antwortet sie: »Es ging nur verkehrt herum, weil doch alles so verkehrt war!« Am Ende ihres Weges, der außerhalb der normalen Ordnung lag, stand für sie stets der Besuch am Grab ihrer Tochter. Es scheint das Bild einer Frau auf, die mit aller Kraft anläuft gegen die üblicherweise als sinnerfüllt und Hoffnung verheißende chronologische Abfolge der Szenen aus der Passion. Für sie stand am Ende das Grab ihrer Tochter – nicht der auf Auferstehung und Erlösung hinweisende, gewohnte Abschluss des Kreuzwegs.

Wegfindung

In sehr sinnenfälliger Weise wird hier deutlich, wie sich Wege finden können in und durch die Trauer: sich im Gehen dem Draußen aussetzen und über die sinnlichen Wahrnehmungen im Sehen, Hören und Riechen einen Ausweg finden aus einer permanenten gedanklichen Rotationsbewegung um den Verlust. Im Gehen aber auch einen Ausdruck finden können für das Ver-rückte und als falsch Empfundene der Verlustsituation. Conny fand diesen Weg aus sich heraus und ohne ein bewusstes Tun: Es ergab sich.

Solche oder ähnliche Wegfindungen können indes nicht eine Frage des Wollens oder Sollens sein. Wenn nach Aristoteles Eigenbewegung die Wesensbestimmung des Lebendigen ist, dann werden wir ergänzen wollen, dass es Situationen gibt, in denen der Mensch dieser Kraft beraubt erscheint, unfähig zur Eigenbewegung, sei es in der gedanklichen oder emotionalen Innenbewegung, sei es in einer Außenbewegung, die für den Augenblick hilfreiche Ablenkung verschaffen könnte. Dann kann es möglicherweise hilfreich sein, einen Menschen an seiner Seite zu haben, der die Möglichkeit einer wiedergewonnenen Bewegungsfähigkeit als Utopie andeuten kann. Es versteht sich von selbst, dass es nicht darum geht, den trauernden Menschen auf eine Spur zu setzen oder zu Bewegung zu nötigen.

Verortung

Wir haben gesehen, wie in der tiefen Trauerbewegung einer Mutter, die ihr Kind verloren hat, ein Moment des Innehaltens und Sich-gewahr-Werdens Ausgangspunkt für eine Bewegungsveränderung sein kann. Sich selbst gewahr zu werden in den stereotypen Handlungen im Haus und sich selbst ein inneres Ansehen zu geben, war für Conny ein erster Ausweg dahin, sich im positiven Sinn »gehen zu lassen« und eine andere, neue oder wiedergefundene Eigenbewegung zuzulassen. Einen Moment gedanklich wie körperlich stillzustehen wird vielleicht enorm schwer oder gar nicht möglich sein. Zu stark mag die Sehnsucht danach sein, herauszukommen aus der Trauersituation, oder der Wunsch, in gedanklicher und körperlicher Bewegung das

Schmerzhafte zu verdrängen oder für den Augenblick zu vergessen – zu stark die Angst vor dem, was kommt, wenn wir stehen bleiben: lieber mit den Beinen strampeln, um nicht unterzugehen. Im letzten Kapitel des Buchs (S. 103 ff.) werden wir sehen, wie einfache Wahrnehmungs- und Bewegungsübungen dabei helfen können, sich auf den Augenblick einzulassen und innezuhalten.

Stillzustehen für den Augenblick kann der Beginn einer Verortung sein: »Wo bin ich? Wo stehe ich?« Indem ich meinen Standort bestimme und er Kontur annimmt – Conny erkannte sich als die »Tigerin im Käfig« –, beginne ich auch, mein Umfeld wahrzunehmen, und werde mich wieder oder neu zu Menschen und Dingen in Beziehung oder Beziehungslosigkeit setzen können. Conny hatte den Bezug zur traditionellen Ordnung des Kreuzwegs verloren. In ihrer Gegenbewegung zur Ordnung fand sie ihren neuen Platz: in der Un- oder besser Gegenordnung und im Verkehrten. Im »verkehrten« Kreuzweg konnte sie der erlebten Sinnlosigkeit des Todes ihrer Tochter Ausdruck geben.

Wert des Stillstands

Nicht nur Menschen in Krisen- und Leidsituationen tendieren zu fortwährender Innenbewegung im Denken und/oder Außenbewegung in stetiger Aktion, sei es in der Arbeit oder in der Freizeit. Nicht Wenige fürchten sich vor dem Moment des Stillstands und entwickeln zahlreiche Strategien der Vermeidung: Pflichterfüllung, Medienkonsum, unentwegte Kommunikation oder exzessives Körpertraining, um nur einige zu nennen. Der Grund dafür mag in der Angst vor dem liegen, was uns im Stillstehen erwartet: ein Abstandnehmen zum gewohnten Lebensfluss wie zu unseren Lebensumständen und die gefürchtete Begegnung mit uns selbst: »Nur nicht anhalten! Wer weiß, was du dann entdeckst!« Stillstehen schärft die Wahrnehmung. Nehme ich aber (für) wahr, was ich sonst erfolgreich verdränge oder überdecke, dann könnte das Konsequenzen fordern, die wir fürchten. Im Abstandnehmen werde ich vielleicht mein bisheriges Denken und Tun hinterfragen, vielleicht werde ich mir selbst begegnen und Teile meiner Persönlichkeit wahrnehmen müssen, die ich bislang gut verdrängen konnte oder von deren Existenz ich gar nichts wusste.

Gegen das Innehalten sprechen viele Ängste und Befürchtungen. Wer aber den Mut dazu aufbringen kann, der wird möglicherweise ungeahnte positive Erfahrungen machen können.

Wenn wir uns einmal auf die rein körperliche Dimension des Stillstehens beschränken, dann kann dies alles andere als beängstigend wirken, sondern im Gegenteil Selbstbewusstsein und Selbstgewissheit stärken: »Es ist ein gutes Gefühl, zu spüren, dass der Boden trägt. Man ist gut aufgehoben, braucht nichts dafür zu tun. Der Boden, der mich trägt, ist ein Geschenk« (Richter, 2011, S. 16).

Für den trauernden Menschen kann das Innehalten von enormer Bedeutung sein. Denn es öffnet den Blick auf das Hier und Jetzt und erlaubt für den Moment die Lösung vom Gestern oder Morgen. Steht das Gestern für die Hinwendung zum Verlust und für die Sehnsucht nach dem, was war und betrauert wird, so steht das Morgen für Ängste und Sorgen, die auf die Zukunft bezogen sind: »Werde ich es schaffen weiterzuleben? Wie soll ein Leben ohne ihn/sie/es überhaupt aussehen?« Vergegenwärtigung kann der Ausgangspunkt für eine Änderung der Blickrichtung werden. Was im Innehalten geschehen kann, verdeutlicht der Blick ins etymologische Wörterbuch: In die Gegenwart kommen bedeutet ursprünglich »gegenüber seiend« (Kluge, 2011, S. 340). Im Innehalten vermag ich zu mir und meiner Lebenssituation Abstand zu nehmen und meinen Standort und meine Umwelt wahrzunehmen, einzuschätzen und zu realisieren. Sich selbst »gegenüber zu sein« ist ein Ausdruck der Selbstwürdigung. Wachsames Innehalten macht sie möglich.

Den Blick erheben

Wem es gelingt, für einen Moment innezuhalten, der vermag auf sich selbst, sein Tun und Befinden zu schauen. Der vermag aber auch, den Blick zu erheben, um im körperlichen wie im übertragenen Sinn über sich hinaus zu schauen: »Wer ist da? Was ist da?« Es ist der Blick nach außen, der Alternativen für das Denken und Handeln aufscheinen lassen kann: »Ich bin nicht allein, da sind Menschen um mich herum. Es gibt Orte jenseits meiner Trauerwelt.«

Doch ist es kein Leichtes, sein »Haupt zu erheben«: »Seine Haltung zu ändern, ist keine leichte Aufgabe. [...] der Mensch muss seine Sehgewohnheiten, seine Art, sich mit der Welt schauend auseinanderzusetzen, ändern, wenn er zu einer anderen Haltung finden will« (Jacobs, 1985, S. 270 u. 272). Wiederum ahnen wir, dass diese »Leistung« Kraft und Mut verlangt, die nicht selbstverständlich vorhanden sind. Und erneut ist zu bedenken, dass Bewegung – und ist es »nur« das körperliche oder gedankliche Aufmerken und Aufschauen – weder erzwungen noch zur Pflichtübung erklärt werden kann. Wachsen Kraft und Mut zur Standortbestimmung und zum Um-sich-Schauen, kann dies der Beginn einer Bewegung sein, die den Trauerraum weitet. Dann mag Menschen in Verlustsituationen eine Ahnung davon aufscheinen, wie sie die gegenwärtige Lebenssituation aus einem veränderten Blickwinkel betrachten können – und zuvor verstellte Bewegungsräume öffnen sich.

Das Heben des Blicks kann als Gegenbewegung aus der Trauer heraus verstanden werden, denn unser Begriff des Trauerns leitet sich von einer Gebärde ab: »truren« bedeutete im Althochdeutschen »die Augen niederschlagen« (Mauser u. Pfeiffer, 2003, S. 7). Vergegenwärtigung als Ausgangspunkt von Bewegung geschieht maßgeblich über die sinnliche Wahrnehmung, das Hören, Schauen, Fühlen – auch über den Augenaufschlag. Wir nehmen durch und über unseren Körper wahr. Im folgenden Kapitel wird es darum gehen, den Blick auf das stärkende Potenzial zu lenken, über das wir mit unserer Körperlichkeit verfügen.

3 Raus aus dem Kopf: Kraft der Körperlichkeit

Conny erinnert sich sehr lebhaft an die starke Wut, die sie an manchen Tagen nach dem Tod ihrer Tochter erfasste, wie sie sich in ihrem Innern aufstaute und enormen Druck erzeugte. Wer sie in solchen Zeiten beobachtet hätte, dem wäre aufgefallen, wie sich ihre Spazierschritte in ein Marschieren verwandelten, jeder Schritt ein aggressiver Tritt in den Boden. Es habe ihr damals gutgetan, den Druck rauszulassen und die Erde ihre Wut spüren zu lassen.

Starke Gefühle wie die Wut im Verlauf eines Trauerprozesses gelten und leben zu lassen, ist »uneingeschränkt heilsam« (Müller u. Schnegg, 2016, S. 94). Die »Ausleitung« der im Inneren bestehenden Energie über den Körper, der Abbau des hohen Energieniveaus durch Bewegung, werden zur Wohltat. Was Conny beschreibt, kennen wir vielleicht ein wenig aus eigener Erfahrung, wenn wir beispielsweise im wortwörtlichen Sinn mit der Faust auf den Tisch schlagen und dabei ein befreiendes Gefühl erleben. Meist aber werden wir es nicht wagen, einem solchen kräftigen Bewegungsimpuls nachzugeben. Schließlich sind wir sozial verträgliche, wohlerzogene Menschen und der Selbstbeherrschung fähig. Wehe nur, wenn der Druck im Topf über das haltbare Maß ansteigt …

Auf dem Schulhof

An den seltenen Tagen, an denen ich wochentags am Vormittag zu Hause bin, brauche ich nicht auf die Uhr zu sehen. Ich weiß immer genau, wann es zehn Uhr ist. Denn ich wohne in unmittelbarer Nähe einer Grundschule und kann vom Küchenfenster den Schulhof überblicken. Wird es dort am Vormittag laut, dann ist große Pause und die Kinder jagen spielend über den Hof. Die kleinen Menschen holen sich das, was sie nach den ersten Schulstunden mit Stillsitzen brauchen – ganz so, als solle hier ein Ungleichgewicht zwischen geistiger (= Innen-) und körperlicher (= Außen-)Bewegung wiederhergestellt werden. Das geschieht, ohne dass die Kinder darüber nachdenken. Die Mädchen und Jungs laufen einfach los, das Bedürfnis nach Bewegung bricht sich Bahn.

Schauen wir auf das Lebensende und Menschen, die durch eine demenzielle Erkrankung erlernte Verhaltensregeln und gesellschaftliche Prinzipien ablegen, so können wir auch dort sehr häufig erleben, wie sich ein mitunter heftiger Bewegungsdrang äußert, der für Angehörige wie Pflegende oder andere Personen im Umfeld sehr herausfordernd sein kann. Vielleicht wollen diese unruhigen Menschen weg, weil sie sich fremd fühlen, weil es sich dort, wo sie sind, verkehrt anfühlt und sie ihr »Daheim« suchen. Im Rückblick auf den Schulhof stellt sich aber der Gedanke ein, ob nicht vielleicht auch in diesen Menschen wie bei den Kindern Innen- und Außenbewegung unbewusst in ein Gleichgewicht drängen.

Selbstwahrnehmung durch Bewegung

Und was tun wir, die sogenannten »Erwachsenen«? Unterdrücken wir nicht beständig einen Drang nach körperlicher Bewegung bei stetig zunehmender geistiger Bewegung, die uns im Berufsleben abverlangt wird? In Gedanken bewegen wir uns nicht zuletzt mithilfe der neuen Medien mühelos und binnen Sekunden über Länder und Kontinente hinweg. Das alles aber geschieht »im Kopf« oder auf kleinen und großen Displays, über die wir kommunizieren. Wir sitzen Stunde um Stunde vor dem Bildschirm, blenden die Körperwahrnehmung aus und reagieren erst, wenn die volle Blase drückt, der leere Magen knurrt oder der steife Nacken schmerzt. Wo wir doch aus eigener Erfahrung wissen, wie gut es tun kann, sich von der Stelle oder auf der Stelle zu bewegen, entgegen der uns Menschen sicherlich auch innewohnenden Trägheit. Die Möglichkeiten der Bewegung sind unzählig: Nackenübungen im Sitzen, Entspannungsübungen im Liegen, ein Spaziergang, Yoga, Pilates, Laufen, Tanzen, Fußball spielen etc. Bei einer spontanen Befragung während eines Kongressvortrags über Spannung und Entspannung erhielt ich aus dem Auditorium einige weitere interessante Vorschläge: Bügeln, Nähen, Sex. Wir wissen im Grunde sehr genau, welche Art von Bewegung uns in welcher Situation helfen kann, überschüssige Energie abzubauen, zu entspannen, Innen- und Außenbewegung auszubalancieren.

In der körperlichen Bewegung vermögen wir auch, uns selbst zu spüren und zum Beispiel unsere Haut als eine wahrnehmbare Grenze zwischen Innen und Außen, zwischen mir und der Welt wahrzunehmen. In einer Zeit der Auflösung des Gewohnten, wie sie trauernde Menschen erleben, und in einer möglicherweise aufkeimenden Angst davor, sich zu verlieren, kann körperliche Bewegung dabei helfen, zu sich zu kommen und bei sich zu sein: »Über den Körper geschieht das Wahrnehmen meiner selbst, wenn alles nebulös wird« (Dufner, 2009, S. 9).

Grenzen der Körperlichkeit

Die große Mystikerin Teresa von Ávila (1515–1582), die wir als Ordensfrau auf Porträts in einer strengen Tracht mit Haube sehen können, kaum für Bewegung geeignet, scheint sehr genau gewusst zu haben, welche Bedeutung der Körper für das Wohlbefinden des Menschen hat. Ihr wird der Satz zugeschrieben: »Tu deinem Leib etwas Gutes, damit deine Seele Lust hat, darin zu wohnen.«

Etwas mit oder für den Körper zu tun und die positiven Effekte körperlicher Bewegung zu nutzen, kann Freude bereiten, aber auch zur Herausforderung werden. Schließlich begegnet der Mensch dabei sich selbst in seiner körperlichen Erscheinung, seinen körperlichen Möglichkeiten und Grenzen, in tatsächlichen oder empfundenen Defiziten. Niemand wird von sich behaupten können, stets ein ungebrochenes Verhältnis zu seinem Körper zu haben. Wir besitzen Körperteile oder -regionen, die wir noch niemals mochten. Andere entwickeln sich mit zunehmendem Alter dazu. Morgens stehe ich im Badezimmer vor dem Spiegel und denke: »Ich kenne dich nicht, aber ich wasche dich trotzdem!« Charles Baudelaire (1821–1867) hat dieses Uneinssein mit sich selbst und dem eigenen Körper in deutliche Worte gefasst:

»Herr! Gib mir die Kraft und den Mut,
mein Herz und meinen Körper
ohne Ekel zu betrachten.«
(Baudelaire, 1861, S. 275, Übers. F. G.)

Ein getrübtes Verhältnis zu unserem Körper, das sich in Scheu, Scham oder Ekel äußern kann, behindert die Erfahrung körperlicher Bewegung und der ihr innewohnenden Kraft. Insbesondere Menschen in der vulnerablen (verwundbaren) Zeit eines Trauergeschehens können hier an Grenzen stoßen. Wir haben schon weiter oben erfahren, dass trauernde Menschen nicht selten ihren Körper ganz aus dem Blick verlieren und kein Empfinden für dessen Bedürfnisse haben. Wichtig ist es an dieser Stelle, sich von einer vermeintlichen Verpflichtung zu Bewegung, die wir oder unser Umfeld uns auferlegen wollen, befreien zu können. Aus der aufmerksamen Selbstwahrnehmung kann die Erkenntnis resultieren, dass zum gegenwärtigen Zeitpunkt eben nicht Bewegung, sondern vielleicht Ruhe und Stillehalten das Passende sind.

Ein Grundmaß an Selbstvertrauen und Selbstsicherheit ist die Voraussetzung dafür, der Kraft der Körperlichkeit freien Raum zu lassen. Und es bedarf angemessener Orte und Räume, wo wir Vertrauen schöpfen und Sicherheit empfinden können, wie wir im Kapitel 4 sehen werden. Manchmal braucht es auch den Anstoß durch Menschen im Umfeld, die uns Möglichkeiten aufzeigen oder konkrete Bewegungsangebote machen können (siehe Kapitel 6).

Hingabe an den Augenblick

Menschen, die sich der Kraft der Körperlichkeit überlassen können, berichten immer wieder von Momenten, in denen sie sich befreit und ganz im Hier und Jetzt fühlen. Der regelmäßige Schwimmer kommt im gleichmäßigen Ziehen der Bahnen, das von außen monoton und wie »Fliesenzählerei« erscheinen mag, in einen als »Flow« beschriebenen Zustand, der mit sehr angenehmen Gefühlen verbunden ist: »Urbild des Menschen im Flow ist das spielende Kind, das sich im glückseligen Zustand des Bei-sich-Seins befindet« (Warwitz, 2016, S. 207). Über die intensive körperliche Bewegung und die damit verbundene sinnliche Wahrnehmung (Wasser auf der Haut, Ausblicke ins Becken und über die Wasseroberfläche hinweg, Erspüren der Muskeln) kommt der Schwimmende in die Gegenwart. Innere Vorgänge wie Denken und Fühlen beziehen sich nicht länger auf Situationen in der Vergangenheit oder der Zukunft, sondern ganz auf den Augenblick. Das Prinzip der meisten Entspannungsmethoden basiert darauf, Körper und Geist zusammenzubringen und sich gedanklich wie emotional für den Moment von Vergangenem und Zukünftigem so weit wie möglich zu lösen. Wie wohltuend und erholsam ein solcher Zustand besonders in krisenhaften Zeiten sein kann, liegt auf der Hand.

Was es dazu braucht, ist Hingabe: sich einer Übung, einer Bewegung oder »nur« den augenblicklichen Sinneswahrnehmungen zum Beispiel während eines Spaziergangs überlassen zu können. Dies wird uns in unterschiedlichen Lebenssituationen leichter oder schwerer fallen. Anspannung und Stress, Emotionen wie Angst oder Wut, Scheu oder Scham und auch innere Verbote hindern uns möglicherweise daran, uns auf die Gegenwart einlassen zu können. Trauernden Menschen wird es vielleicht nur sehr schwer möglich sein, auch nur für Augenblicke nicht an das »Vorher« und damit an die Zeit vor dem Verlust oder an den Augenblick des Verlustes selbst zu denken. Das Gedankenkarussell abschalten zu können, werden sich Trauernde vermutlich immer wieder wünschen, es sich aber nicht erlauben können oder ohne Hilfestellung den richtigen »Knopf« nicht finden. Anregungen von außen zu erhalten, kann in dieser Situation hilfreich sein.

Es gibt auch Momente, in denen wir gar nicht entscheiden müssen oder können, ob wir uns hingeben wollen oder nicht. Treten wir beispielsweise nach einer Flugreise beim Aussteigen nach draußen auf die Gangway an die Luft, dann kann uns dies geschehen: Wind, Möwengeschrei, Sonnenschein und der Geruch nach Meer sind so starke Sinneseindrücke, dass wir nur noch und einfach da sind, ein Wesen, das ganz in seiner Körperlichkeit mit seinen Wahrnehmungen über die Sinne aufgeht. Was uns auf dem Flug vielleicht noch intensiv gedanklich beschäftigte oder Sorgen bereitete, ist wie weggepustet, der Kopf ist frei: Glück des Augenblicks.

Wirkung von außen nach innen

In einem unserer Gespräche über die Bedeutung von Bewegung in der Trauer erklärt mir Conny: »Körperorientierung ist wichtig – nicht Kopforientierung!« Sie fasst damit die eigene hilfreiche Erfahrung in Worte, wie die zunächst rein äußerliche Bewegung eines Spaziergangs im Inneren etwas in Bewegung versetzen und dort Veränderung bewirken kann.

So wie sich durch die starken sinnlichen Eindrücke beim Aussteigen aus dem Flugzeug ein angenehmes Gefühl der Freiheit einstellt, so können Körperbewegungen, die zunächst keinerlei Bezug zu Gedanken und Gefühlen haben, doch sehr intensiv auf diese wirken: »Körperbewegung bewegt das ganze Wesen« (Dufner, 2009, S. 12). Der Besuch im Fitness-Center dient dann nicht nur dem Muskelaufbau, sondern er kann auch innere Kräfte wecken oder diese wiederfinden lassen, wie das folgende Beispiel zeigt.

Der Arbeitstag war wieder einmal sehr anstrengend, der Chef schlecht gelaunt und unzufrieden, mehrere Projekte kommen nicht von der Stelle, und dann habe ich auch noch diesen peinlichen Anfängerfehler gemacht. Ich fühle mich wie ein Nichts, klein, unbedeutend, und würde mich am liebsten unsichtbar machen. Abends schleppe ich mich in die wöchentliche Gymnastikstunde. Jetzt auch noch Körperarbeit, das wird was geben! Der Trainer lässt uns zu Beginn auf einem Hocker sitzen und fordert uns auf, den Rücken lang zu machen und uns aufzurichten, die Füße fest am Boden zu spüren und mit dem Scheitel gleichzeitig zur Decke zu streben. Ich versuche es und es scheint halbwegs zu klappen. Ich kann aufrecht sitzen, mit langem Hals, Halt am Boden finden und Richtung Decke wachsen. Es ist nicht so anstrengend, wie ich dachte. Den Ärger vom Tag habe ich inzwischen vergessen. Was aber viel wichtiger ist: Ich spüre in diesem Augenblick, dass ich selbstbewusst und mit Überzeugung »da sein« kann. Ich fühle mich sicher und stark. Offensichtlich steckt das in mir drin, auch wenn ich das vor einer halben Stunde überhaupt nicht geglaubt hätte. Die einfache Bewegung des Sich-Aufrichtens hat mich spüren lassen, dass da neben dem gestressten und deprimierten auch ein selbstbewusstes und in-sich-ruhendes Ich existiert.

Der hier beschriebene Mensch wird ganz anders aus dem Fitnessraum hinausgehen, als er hineinging. Vielleicht wird er am nächsten Tag wieder vor dem Chef »einknicken«. Doch hat er seine innere Kraft, Stärke und Unabhängigkeit am Abend zuvor gespürt – und als eine Realität wahrgenommen. Wir ahnen, wie auch trauernde Menschen über einfache Bewegungen und Übungen – Spaziergänge, Gymnastik, Joggen und vieles mehr – dahin geführt werden können, ein anderes als das trauernde Selbst zu erleben: »Ich bin mehr als meine Trauer.«

Verkörperung

Der Mensch kann über seine nonverbale und paraverbale Ausdrucksfähigkeit, innere Zustände, Denk- und Fühlweisen sichtbar machen: in Mimik, Gestik, Körperhaltung wie auch über die Modulation der Stimme, über Laute oder die Sprechgeschwindigkeit. Was im Inneren gedacht oder gefühlt wird, entäußert sich in körperlichem Ausdruck. Doch gibt es auch die umgekehrte Wirkrichtung: Körperhaltungen, die wir einnehmen, haben einen Effekt auf unser inneres Sein, auf Denken und Fühlen. In der Psychologie und Kognitionswissenschaft hat sich für dieses Phänomen der Begriff des Embodiment (engl. für Verkörperung) durchgesetzt (vgl. hierzu Tschacher u. Storch, 2012). »Embodiment-Ansätze betrachten den Menschen als Einheit von Leib und Geist. Körperliches und Psychisches wirken permanent aufeinander und sind untrennbar miteinander verbunden« (Tschacher, Munt u. Storch, 2014, S. 58).

Die positiven Effekte der Verkörperung werden unter anderem in der Pädagogik genutzt, wenn man im Schulunterricht Lehrinhalte mit bestimmten Gesten verbindet, indem zum Beispiel beim Auswendiglernen eines Gedichts je eine besondere Geste mit einem bestimmten Begriff verbunden wird. Die körperlichen und sinnlichen Wahrnehmungen, die ich während des Ausführens der festgelegten Bewegung erspüre, werden dabei mit dem Begriff verknüpft, der erinnert werden soll. Mir wird dann später der Begriff sofort einfallen, wenn ich die dazu gelernte Bewegung ausführe – oder sie auch nur sehe, wenn jemand anderes sie ausführt.

Die Wechselwirkungen zwischen Körper und Geist zu nutzen, kann in Krisenzeiten sehr sinnvoll und hilfreich sein. »Einstellungen und Stimmungen über Veränderungen der Körperhaltung zu beeinflussen, hat den Vorteil, dass die Körperhaltung auch unter hohem Stress willkürlich beeinflussbar bleibt« (Tschacher et al., 2014, S. 58). Unsere Stimmungen und Gefühle direkt zu beeinflussen ist nur schwer oder gar nicht möglich. Die Körperhaltung zu verändern hingegen ist erheblich leichter. Eine veränderte Körperhaltung wiederum hat Rückmeldeprozesse zur Folge, die dann unser Denken und Fühlen verändern. Wir erinnern uns, wie der Mensch im Fitness-Center allein durch die Aufrichtung des Rückens sich plötzlich stark und selbstsicher fühlte und nicht länger klein und schwach.

Auch der trauernde Mensch wird diese positive Wirkung von Körperbewegung nutzen können, vorausgesetzt, dass Zeit und Ort dafür reif sind und er oder sie Zugangsmöglichkeiten dazu erhält.

Gehen und kommen lassen

»Wenn nichts mehr geht, dann geh!« – Dieser Satz wird dem Begründer der analytischen Psychologie, Carl Gustav Jung (1875–1961), zugeschrieben. Denken wir an historische »Waldspaziergänge« berühmter Politiker in der Zeit des Kalten Krieges, dann scheint offensichtlich einiges dafür zu sprechen, in festgefahrenen Situationen aufzustehen und sich gehend fortzubewegen. Schon in den mittelalterlichen Kreuzgängen schritten zu bestimmten Tageszeiten die Mönche umher, um gemeinsam philosophische und theologische Fragen zu diskutieren. Im Internet gibt es heute zahlreiche Coaching-Angebote, die als Methode das »Walk-and-Talk« (Gehen und Reden) anwenden. Was aber verändert sich, wenn ich meinen Platz, meinen Stuhl oder meine vier Wände verlasse und einen Gang tue? In erster Linie sind es die Wahrnehmungen und Sinneseindrücke, die sich ändern. In Bewegung spüre ich meinen eigenen Körper anders als sitzend und mit meinem Körper werde ich anderes hören, sehen, riechen, spüren. Zugleich lasse ich die gewohnte Umgebung hinter mir und Neues auf mich zukommen: Vor der Tür wärmt die Sonne meine Haut, fährt mir der Wind durchs Haar, höre ich Kinderstimmen vom Spielplatz her. Geist und Körper finden über die sinnlichen Wahrnehmungen in der Gegenwart zusammen: »Im Hier und Jetzt verweilen, aber trotzdem im Fluss bleiben« (Dufner, 2009, S. 12).

Je nachdem wie lange ich unterwegs bin und wohin mich mein Weg führt, werde ich zahlreiche und sehr unterschiedliche Eindrücke sammeln können – oder vielmehr werden diese äußerlichen Reize Eindrücke hinterlassen. Kehre ich zurück an meinen angestammten Platz, bin ich nicht mehr derselbe Mensch. Mein Denken und Fühlen werden Spuren der Sinnesbegegnungen tragen, Erfahrungen, an die ich mich erinnern kann oder die nachwirken. Wer kennt nicht den Effekt, der sich nach einem Spaziergang in frostiger Kälte einstellt: Noch lange nach der Rückkehr fühlen sich die Wangen warm an – oder bleiben die Füße eisig. Gehe ich hinaus, mit mir allein oder im Gespräch mit einem anderen Menschen, so werden schon unterwegs die von außen in mich dringenden Wahrnehmungen Wirkung zeigen und den Verlauf des Denkens, Fühlens oder Redens mehr oder weniger stark beeinflussen. So mag es sein, dass Niedergeschlagenheit angesichts des Frühlings, der draußen mit Sonnenwärme und Blütenduft mächtig daherkommt, sich abschwächt und in den Hintergrund tritt – oder sich im Gegenteil verstärkt ob des großen Kontrastes zwischen Innen und Außen.

Conny erlebte, wie die Spaziergänge sie für begrenzte Zeit herausholten aus ihrer tiefen Trauer, weil die äußeren sinnlichen Reize, die sie über und mit ihrem Körper erlebte, so stark waren. Wieder daheim, fiel sie bald wieder zurück in ihre schweren Gedanken. Und doch hatte sie das Draußen als Wirklichkeit erfahren können: In meinem Innern herrscht eisiger Winter – dort draußen sind Leben und Wärme. Beides sind Lebensrealitäten.

Selbstwirksamkeit erfahren

Seinen Aufenthaltsort vorübergehend oder dauerhaft verändern zu können, bedeutet Freiheit. Gehen zu können und nicht festzusitzen, seinen Standort zu verändern und mit ihm den Blick auf die Welt, ist Ausdruck von Selbstwirksamkeit. Wenn es in diesem Kapitel um die Kraft der Körperlichkeit geht, dann sind es vor allem die unspektakulären Dinge, die viel bewirken können. »Das Gehen ist die größte zu erreichende Form der Selbstständigkeit, die uns dazu befähigt, dort wegzugehen, wo wir nicht sein wollen, und uns dorthin zu bewegen, wo wir sein wollen« (Richter, 2011, S. 169). Beziehen wir andere Bewegungsformen in die Betrachtung ein, können wir dieses Zitat erweitern: Mit der Kraft der Körperlichkeit können wir uns körperlich, geistig und emotional von dort wegbewegen, wo wir nicht sein wollen, und unser Denken und Fühlen beeinflussen.

Ein gutes Beispiel für diesen Effekt habe ich noch sehr lebendig aus eigener Erfahrung in Erinnerung. Hier kam der Impuls zur Bewegung von außen. Es war meine erste Probestunde in einer Ballettschule, ich war etwa fünf Jahre alt. Die Schülerinnen der ersten Klasse übten »Prinzessin«: Sie gingen, eine nach der anderen, auf Zehenspitzen quer durch den Raum. Die Lehrerin rief: »Macht euch groß, Hals lang, Rücken gerade! Ihr schreitet am Hofstaat vorbei und alle machen einen Diener oder einen Knicks, wenn ihr vorbeigeht! Ihr seid wunderschön und alle lieben euch!« Die Mädchen griffen mit den Fingern nach den nur in ihrer Fantasie vorhandenen Kleidern, hoben den Saum leicht an und trippelten los. Das Bild war faszinierend: Alle erschienen plötzlich schön, erhaben, selbstbewusst und frei. Wie im Märchen wird auch damals so manches Aschenputtel unter ihnen gewesen sein, das sich im Alltag hässlich fand, unscheinbar und ängstlich. Und nach dem Ende der Ballettstunde wird der Prinzessinnenzauber auch wieder verflogen sein. Trotzdem bin ich heute davon überzeugt, dass die Übung weitreichende Effekte hatte: »Auch wenn ich meistens Aschenputtel bin, ein Teil von mir ist doch Prinzessin, das habe ich gerade gespürt!« – Als einziger Junge im Saal bekam ich eine andere Rolle: Ich sollte als Hofnarr auf den Fersen durch den imaginierten Thronsaal tanzen. Auch das wird seine Wirkung gehabt haben …

Es wird spannend sein zu sehen, dass nicht nur unsere eigene Bewegung solche inneren Veränderungsprozesse auszulösen vermag, sondern auch Körperbewegung anderer Menschen, die wir nur passiv schauend mitverfolgen, beispielsweise in der Gestalt eines Tänzers (siehe Kapitel 5).

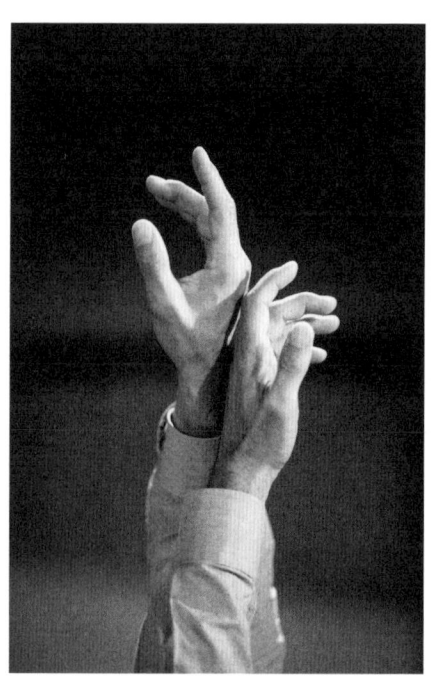

4 Spielraum – Bewegungsraum: Orte der Bewegung

»Spielraum haben« bedeutet, dass etwas Spiel hat – mit anderen Worten: Raum für Bewegung. Wir nutzen diese Formulierung eher im negativen Sinn, wenn zum Beispiel eine Schraube sich gelockert hat und die miteinander verbundenen Dinge unerwünschtes Spiel haben. Im Folgenden soll es darum gehen, Räume und Orte aufzuzeigen, die Menschen Trauerbewegung ermöglichen können.

Der öffentliche Raum

Unser alltägliches Leben spielt sich in unterschiedlichen Räumen ab. Verlassen wir morgens unser Haus auf dem Weg zur Arbeit, begeben wir uns in den sogenannten »Öffentlichen Raum« von Stadt, Kommune oder Landkreis mit Wegen, Straßen, Freiflächen und öffentlichen Gebäuden. Dieser Raum ist in der Regel »offen«, alle haben freien Zutritt. Die Offenheit bringt es mit sich, dass er intensiver sozialer Kontrolle und gegenseitiger Beobachtung unterliegt. Wer sich in den öffentlichen Raum begibt, ist sich dessen bewusst und wird seine Kleidung wie sein Verhalten an geltende Regeln anpassen oder diese bewusst ignorieren – mit entsprechenden Konsequenzen. Im öffentlichen Raum setze ich mich den Blicken und Reaktionen anderer Menschen aus auf meine Person, mein Aussehen, meine Haltung, mein Verhalten, meine Kleidung etc. Verlassen wir den privaten Raum, legen wir unser »öffentliches Ich« an; es gibt Menschen, die nicht das Haus verlassen, ohne zuvor in den Spiegel geschaut zu haben. Für ein gelingendes Zusammenleben einer Gesellschaft ist die Zurücknahme persönlicher und privater Eigenheiten im öffentlichen Raum bis zu einem gewissen Punkt hilfreich und notwendig. Kontraproduktiv wirkt diese Selbstbeschränkung, wo die geschriebenen und/oder ungeschriebenen Gesetze ein ausschließendes und chauvinistisches Menschenbild propagieren, Ausnahmen negativ bewerten, Minderheiten ausgrenzen. Aber auch in sogenannten »offenen« Gesellschaften erwartet der öffentliche »Spielraum« Rollentreue: Wer aus der Rolle fällt, muss mit den Folgen leben.

In uns allen als sozialen Wesen gibt es einen weniger oder stärker ausgeprägten Wunsch danach, anerkannter Teil der Gesellschaft zu sein. Um das zu erreichen, passen wir uns an und unterdrücken oder verstecken, was seitens der Gesellschaft negativ beurteilt werden könnte. Der Mensch in einer vulnerablen Situation nach einer bedeutenden Verlusterfahrung wird vielleicht noch eher einen Weg des geringen Widerstands gehen und »richtig« funktionieren wollen – oder aber, im Gegenteil, die Konfrontation suchen und darin sogar Befreiendes für sich entdecken können. Für den trauernden Menschen kann es sehr hilfreich und heilsam sein, seine Trauer bewusst öffentlich zu machen und ihr sichtbaren Ausdruck zu geben (vgl. hierzu Müller u. Schnegg, 2016, S. 121 ff.).

In Deutschland gibt es Erwartungen an trauernde Menschen. Interessanterweise werden diese wie eine Minderheit behandelt, wo wir doch wissen, dass jeder Mensch Trauer erfährt und ein Menschenleben ohne Verlusterfahrungen inexistent ist. »Öffentlich« Trauernde sollen die ihnen zugedachten Orte für das Ausleben ihrer Gefühle nutzen: Trauerhallen, Kirchen, Friedhöfe, Denkmäler, ihre eigenen vier Wände. An anderen Orten, etwa am Arbeitsplatz, tun sich Menschen schwer damit, »sichtbare« Trauer auszuhalten oder gar zu teilen. In diesen Situationen ist eine sehr besondere Art der Bewegung zu beobachten: die des Wegschauens und Ausweichens; oder aber eine Bewegung in Wort und/oder Tat, die den trauernden Menschen herausholen will aus seinem »Zustand«. Die Beweg-Gründe sind in beiden Fällen nachvollziehbar: Die Begegnung mit trauernden Menschen bringt auch uns in Kontakt mit den eigenen Erfahrungen von Verlust, holt uns heraus aus einem vielleicht gerade so gut gelingenden Lebensfluss und konfrontiert uns mit der Endlichkeit alles Irdischen. Es sind die mit der Trauer verbundenen Gefühle, die wir nicht mögen, die wir weghaben wollen. Indes wissen oder ahnen wir: Gefühle sind. Wir können sie nicht beseitigen. Vielleicht unterdrücken – mit ungeahnten und möglicherweise gefährlichen Folgen. Was wir indes lernen können, ist mit Gefühlen *um*zugehen, statt sie zu um*gehen* (Kern u. Aurnhammer, 2008, S. 32).

Privater Raum

Das Johannesevangelium beschreibt, wie die Apostel nach Hinrichtung, Tod und dem unerklärlichen Auferstehungserleben aus Angst hinter verschlossenen Türen sitzen. Die Jünger sind traumatisiert und erleiden im Grunde eine schwer zu ertragende Verlusterfahrung: Nichts ist mehr wie zuvor. Rückzug aus dem öffentlichen Raum und Abschottung liegen auch vielen trauernden Menschen nah: In meinem privaten Raum erreichen mich fremde Blicke nicht und ich darf meinen Gefühlen und Stimmungen freien Raum lassen. Doch stimmt das nur bedingt. Denn lebe ich nicht allein, dann gibt es in meinem Privatraum Menschen, auf die ich möglicherweise Rücksicht nehmen will oder muss. Dann werde ich meine Trauer nur bedingt »leben« lassen können oder wollen. Gerade in Familien kann es sehr schwer sein, mit den unterschiedlichen Trauerbewegungen umzugehen: Während die Mutter still und unbeweglich am Esstisch sitzt, zieht es die Töchter im Teenageralter in die Diskothek. Andererseits bietet der private Raum, wo Familie und Freunde mit mir wohnen oder Zutritt haben, auch die Chance, Gedanken und Gefühle zu teilen, sich auszutauschen, Trost und Zuspruch zu erhalten. So kann auch ein Austausch über die unterschiedlichen Bewegungsbedürfnisse möglich werden und Verständnis füreinander wachsen.

Geschützter Raum

Für den trauernden Menschen in seiner Verletzlichkeit und Schutzbedürftigkeit bedarf es in erster Linie eines Raumes, der Schutz bietet. Ein Raum, in dem er oder sie Trauerbewegung angst- und sanktionsfrei leben kann, sei es in stummer Wut, herausschreiender Anklage, erstarrter Verzweiflung, atemloser Geschäftigkeit oder den vielen, auch weniger wahrnehmbaren weiteren Bewegungsformen der Trauer. Solche Schutzräume können sehr unterschiedlich gestaltet sein: das Trauercafé oder die Wanderangebote einer Selbsthilfegruppe, der Sportverein oder das Trauergespräch, der familiäre Abendbrottisch oder der Pausenraum im Büro. Rituale können solche Schutzräume ebenso sein wie spontane Thekengespräche im Supermarkt. Einige dieser Räume wird der trauernde Mensch schon kennen oder sie von allein entdeckt haben. Andere können ihm von seinen Mitmenschen – oder sagen wir lieber: Mittrauernden, denn das sind wir ja letztlich alle – eröffnet werden.

Bewegungsraum Ritual

Es gibt unterschiedliche Formen von Ritualen, die Menschen das Leben mit Verlusterlebnissen erleichtern können. Alle diese Rituale werden durch bestimmte Bewegungen charakterisiert. Ein kollektiv vollzogenes Trauerritual sind beispielsweise Gedenkfeiern zum Volkstrauertag, bei denen in festgelegter Reihenfolge Ansprachen, Musik- und Chorstücke sowie eine Kranzniederlegung an einem Mahnmal für Kriegsopfer aufeinander folgen. Trauerrituale wie dieses »öffnen« innerhalb der solcherart fest gefügten Form einen Raum und einen Zeitpunkt, um sich der Verlusterfahrung und dem damit verbundenen Schmerz bewusst zu stellen. Ein persönliches Trauerritual kann der regelmäßige Gang zum Grab sein. In Stille und besonderer Konzentration nähert man sich der Grabstelle, bringt vielleicht eine Kerze oder einen Blumenstrauß mit. Die Kerze wird entzündet, der Blumenstrauß in die Grabvase gestellt. Es folgt eine Zeit der Stille, die Raum für Erinnerungen, für eine innere Zwiesprache oder für ein Gebet lässt. Danach kann sich ein bewusster Blick auf das Grab, auf den Zustand der Pflanzen, den Grabstein anschließen. Wenn nötig, wird gesäubert und gegossen. Ist man nicht allein gekommen, so wird über gemeinsame Erinnerungen an den Verstorbenen gesprochen: »Weißt du noch?« Dann ein letztes bewusstes Innehalten, bevor der Weg über den Friedhof zurückführt in den Alltag. Es sind im Grunde alltägliche Bewegungen, aus denen sich dieses Ritual zusammensetzt. Ihr tieferer Sinn macht sie zum Außer-Gewöhnlichen, zur ganz persönlichen Trauerbewegung.

Sich einen Ort und eine Zeit schaffen für die Trauer, für das Gedenken, das ist in sehr unterschiedlicher Weise möglich. Ein Trost spendendes Ritual kann es sein, an bestimmten Tagen oder zu bestimmten Zeiten vor einem Bild des Verstorbenen eine Kerze zu entzünden und in Stille vor dem Foto zu verweilen. Das kann man ganz allein tun, ebenso gut aber auch gemeinsam mit anderen Familienmitgliedern oder Freunden. Vielleicht lässt man auch ein Musikstück erklingen, das der Verstorbene besonders liebte, oder man liest einen Text, der in besonderer Beziehung zu ihr oder ihm steht. Löscht man dann am Ende einer solchen Gedenkzeit die Kerze, schließt das Buch oder lässt die Musik verklingen, dann schließt sich mit diesen Bewegungen auch der nicht selten als tröstend und schmerzhaft zugleich empfundene Raum der Erinnerung, der Alltag kann und darf weitergehen.

Kleine Rituale wie dieses lassen die Verbindung zur bzw. zum Verstorbenen aufscheinen. Die äußerliche Form des Rituals ist dabei wie ein Geländer, an dem entlang der Weg hinein in den Erinnerungsraum beschritten werden kann. Hier zeigt sich, wie eng die sinnlich-körperliche Sphäre des Menschen mit seinen Emotionen und seinen spirituellen Anteilen verwoben ist. In dem kleinen Erinnerungsritual können Seele und Geist dem körperlichen Ausdruck und der sinnlichen Wahrnehmung folgen: Zunächst mag es eine äußerliche Bewegung sein, wenn ich mich zur brennenden Kerze stelle und auf das Bild des Verstorbenen schaue oder das besondere Musikstück höre. Mit meinen Gedanken bin ich vielleicht zunächst noch woanders, doch im Tun komme ich zu mir, Alltäglichkeiten treten zurück und ich öffne mich für das Gedenken und für das, was mich mit dem Verstorbenen verbindet. Und ebenso sanft werde ich am Ende des persönlichen Erinnerungsrituals erneut über mein körperliches Tun zurückgeführt in den Alltag: Das Musikstück verstummt, ich lösche die Kerze, ich trete zurück vom Bild des Verstorbenen. Da, wo Trauernde beschreiben, wie unvorbereitet und plötzlich sie im Alltag von starken Gefühlen des Verlustes und der Trauer regelrecht überfallen werden, sind es gerade die bewusst in ritueller Form geöffneten und besuchten Erinnerungs- und Trauerräume, die es im geschützten Rahmen ermöglichen, sich bewusst seinen Gefühlen zu stellen. Das Ritual setzt dem Von-Trauer-angefallen-Werden ein aktives Daraufzugehen entgegen. Es kann aus einer Passivität befreien und so den Umgang mit Verlust ein Stück weit gestaltbar machen.

Bewegungsräume für Trauernde

In den letzten Jahren sind viele besondere Angebote für Trauernde entstanden, von Trauercafés über Wandergruppen, Reisen für Trauernde bis hin zu Kochkursen oder Wochenendseminaren für verwitwete Männer, um nur einige wenige zu nennen. Auch sie sind Bewegungsräume, die es den Trauernden ermöglichen, mit sich und mit anderen in Kontakt zu kommen, sich ein Stück weit gehen oder andere auf sich zukommen zu lassen.

Spielraum Seminar

Ein besonderes Angebot für trauernde Menschen können Seminare sein, deren Ausgangspunkt körperliche Bewegung ist. In den rund dreistündigen Workshops, die ich mit trauernden Menschen gestalte, geht es zuallererst darum, Selbstwahrnehmung losgelöst vom Trauma der Verlusterfahrung zu ermöglichen, Erstarrung zu lösen und alternative Haltungen aufzuzeigen. Der Weg geht dabei über einfache Atem- und Lockerungsübungen. Ich komme hier bewusst »von außen«, beginne das Seminar wie eine Gymnastikstunde. Das tiefe Aus- und Einatmen, verbunden mit leichten Wirbelsäulenbewegungen, ist für viele schon ein befreiendes Gefühl, da in der Trauer wie auch in anderen Schockzuständen die Atmung flach, die Muskeln verspannt und der gesamte Stoffwechsel reduziert sind. Nach diesem ersten

Block auf dem Hocker und einer unverfänglichen körperlichen Erwärmung fühlen sich viele schon wacher und lebendiger. Nun geht der Blick auf den körperlichen Ausdruck und ich stelle die Aufgabe, in Kleingruppen alltägliche Gesprächssituationen wortlos darzustellen: Begrüßung, Ablehnung, Aufmerksamkeit, Ermunterung, Müdigkeit … Wenn dann die einzelnen Gruppen im Plenum berichten, wird deutlich, dass Körperhaltungen, Gesten und Mimik sehr starke Ausdrucksmittel sein können. So reicht ein Augenaufschlag, um Ablehnung zu signalisieren. In diesem Teil des Workshops geht es mir darum, eine Sensibilität für den körperlichen Ausdruck zu fördern. Im Blick auf die Menschen, denen wir begegnen, aber auch im Blick auf uns selbst können wir vieles lesen, das jenseits der Worte liegt.

Der dritte Teil eines solchen Workshops führt ins Spielerische. Es geht darum, eine »Geschichte« zu erzählen, jeder für sich und dann auch in der Gruppe. Es geht nicht darum, die eigene Trauergeschichte, zu erzählen; Selbstdarstellung oder ein »Outing« der eigenen Gefühle sind hier nicht das Ziel. In Bewegung erarbeitet werden vielmehr menschliche Krisensituationen und Auswege auf einer allgemeingültigen Ebene. Ein gutes Beispiel ist das Bild des Labyrinths, an dem ich vor einigen Jahren mit einer der Gruppen intensiv gearbeitet habe: Die Eingeschlossenen tasten sich vorwärts, suchen einen Ausweg und haben jeden Überblick verloren, da hohe Wände den Blick verstellen. Jede(r) macht sich zunächst allein auf den Weg – ohne Erfolg. Dann findet er andere Eingeschlossene und die Suche geht gemeinsam weiter, bis sich nach einiger Zeit Resignation und Erschöpfung breitmachen und sich jede(r) wieder in sich selbst zurückzieht. Die Nacht bricht herein, alle legen sich schlafend zu Boden. Über Nacht – so die Spielanweisung des Seminarleiters – ist ein Szenenwechsel eingetreten: Am Morgen zeigt sich, dass in der Nacht dieses ausweglose Labyrinth verschwunden ist, statt hoher Mauern gibt es jetzt freien

Blick und Bewegungsfreiheit, als sei ein Traum wahr geworden. Erst langsam und tastend, dann immer lebendiger beginnen alle, ihre neue Freiheit auszukosten. Am Ende findet sich die Gruppe, ohne dass dies geplant war, zu einem Kreis zusammen, ein improvisierter fröhlicher Reigentanz. Was sehr anspruchsvoll klingen mag, entwickelt sich spielerisch in der geschützten Atmosphäre des Seminars. Ohne über die eigenen Gefühle und Gedanken sprechen zu müssen, dürfen diese im wortlosen Miteinander sein. Es kann als schützend und tragend erfahren werden, sich in einer Gruppe von Menschen zu wissen, die alle ihre individuelle Trauergeschichte haben: jede und jeder für sich und doch gemeinsam in Bewegung.

Begegnungsräume

Spielräume wie das oben geschilderte Seminar werden zu Begegnungsräumen.

Conny tat sich zunächst schwer, bevor sie entdeckte, wie hilfreich es sein kann, sich in einer Gruppe »auf den Weg« zu machen: »Es braucht Mut, Angebote wahrzunehmen, hinzugehen und auszuprobieren.« Dazu gehört die Einsicht, dass »sich auf den Weg machen« nicht heißt, auch gleich ein Ziel zu erreichen. Vielleicht geht es zunächst nur darum, loszugehen und in Bewegung zu kommen. Diesen »Aufbruch« nicht allein zu tun, erfuhr Conny in den Seminaren, die sie besuchte, als hilfreich: »Trauer verbindet. Aber sie ist auch so individuell wie ein Fingerabdruck.« Die Gruppe, sagt sie, trage und biete einen geschützten Raum. Das tue gut, auch wenn jede und jeder in seinem ureigenen Trauerprozess bleibe. Der Seminarraum mache ihrer Meinung nach etwas Wichtiges möglich: »in die Tiefe zu gehen – und das muss sein!«

Es gibt Menschen, die Begegnungen in der Gruppe scheuen und sich wohler damit fühlen, allein mit sich und einer Begleiterin oder einem Begleiter auf den Weg zu gehen. Bedürfnisse und Zugangswege sind individuell und vielgestaltig. Für Begleiterinnen und Begleiter, für Menschen im Umfeld, kann eine der Herausforderungen darin liegen zu erkennen, welche Art von Spiel- und Begegnungsräumen hilfreich sein könnte.

Wie notwendig es für den trauernden Menschen sein kann, Räume für Bewegung, für Spiel und Begegnung zu finden, hat Matthias Schnegg formuliert: »Wo die angemessene Trauer keine Bewegung mehr hat, ist sie oft lebensbedrohlich. Da ist es um des Überlebens willen wichtig, einen Raum zu ermöglichen, in dem Zutrauen zu möglicher Bewegung geschaffen werden kann« (Schnegg, 2014, S. 23). Conny hat genau dies erfahren. Sie erlebte in den Begegnungsräumen der Seminare zum Teil sehr schmerzhafte Momente mit vielen Tränen, weil sie dort »in die Tiefe« gehen konnte. Sich auf diesen Weg zu machen, sei für sie jedoch notwendig gewesen: »Es hat mir das Weiterleben ermöglicht!«

5 Tanz und Trauer: (Er-)Lösung?

»*Da hast du mein Klagen in Tanzen verwandelt,
hast mir das Trauergewand ausgezogen und mich
mit Freude umgürtet.*«
Psalm 30

Wenn auf den folgenden Seiten Tanz im Kontext von Trauer zum Thema wird, dann geht es nicht darum, ihn als selbst ausgeübte Praxis trauernder Menschen und damit als Therapieform zu betrachten, im Sinne einer bewusst gesuchten und erwünschten Intervention. Vielmehr möchte ich meine langjährigen Erfahrungen als Tänzer im Kontext von Sterben, Tod und Trauer mitteilen und sie in den größeren Kontext von Trauer und Bewegung stellen. Es ist mein Wunsch, damit eine Ahnung von der besonderen Kraft zu vermitteln, die für trauernde Menschen in der Körperlichkeit des Tanzes liegen kann.

Tanz als spirituelle Praxis: Erfahrungsbericht eines Lebenstänzers

Ende der 1980er Jahre wurde ich vom Pfarrer meiner Düsseldorfer Heimatgemeinde ermuntert, doch einmal »etwas« für den Gottesdienst zu machen. Damit war gemeint, etwas tänzerisch zu gestalten, denn der Geistliche wusste von meiner langjährigen praktischen Erfahrung im klassischen Ballett und hatte viele Jahre zuvor auf dem eucharistischen Weltkongress in

München (1960) indische Tänzerinnen am Altar gesehen. Als alt gedienter Messdiener war ich mit den Abläufen römisch-katholischer Liturgie in der gemeindlichen Praxis vertraut und hätte nicht sagen können, wo denn dort ein Raum für tänzerische Elemente sein könnte. Meine Erfahrungen von Gottesdienst und von Tanzaufführungen konnte ich erst einmal nicht übereinander bringen. So wartete der Pfarrer lange.

Die Verbindung von Tanz und Liturgie fand ich dann doch, ohne dass ich heute sagen könnte, was genau der Auslöser dazu war. Im Gottesdienst am Pfingstsonntag »erzählte« ich mit einer Gruppe junger Erwachsener an der Stelle des sonst üblichen Antwortgesangs die Lesung aus der Apostelgeschichte durch Bewegung nach. Die Choreografie war denkbar einfach: Ein Kreis von Menschen dreht sich langsam um sich selbst, alle schauen nach innen. Einzelne versuchen hinauszugehen, doch es verlässt sie die Kraft, das Selbstvertrauen. Das geht eine ganze Weile so, dieser Zustand ist statisch und zeigt keinerlei Entwicklung. Dann geschieht etwas, zunächst allein in der Musik, die den bisherigen gedämpften ruhigen Fluss verlässt. Eine starke Unruhe gleich einem Sturm bricht aus (in der Apostelgeschichte ist von »Zungen wie von Feuer, die sich verteilten« die Rede) und ergreift auch den Kreis mit den Menschen. Sie werden durcheinandergewirbelt, sodass nacheinander alle zu Boden gehen. Dann kehrt Ruhe ein, die Menschen richten sich langsam wieder auf und ordnen sich erneut zum Kreis, doch mit einem wesentlichen Unterschied: Obwohl sie weiter um die gemeinsame Mitte kreisen, ist ihr Blick nun nach außen gerichtet. Und die Versuche, hinauszugehen, sind erfolgreich. Eine und einer nach dem anderen gehen hinaus aus dem Kreis und vom Chorraum hinein ins Kirchenschiff. Sie gehen in die Bankreihen und setzen sich zu den übrigen Gottesdienstteilnehmern. Nach kurzer Stille erhebt sich die Gemeinde zum Singen des Hallelujas vor der Verkündung des Evangeliums.

Ausdruckstanz am Altar

Was hatten wir Tanzende in diesem Pfingstgottesdienst getan? Nach der Lesung kennen wir Psalmenrezitationen, Lieder oder Orgelmeditationen. Diese sind wie ein Widerklang des Schriftwortes zu verstehen, wie ein Antworten auf das Gehörte. Im Anschlussraum zur Schriftlesung sieht die Liturgie Orte vor, an denen das Gehörte widerhallen kann. Antwortgesang, Schriftauslegung und Musik sind uns vertraute Formen der nachgehenden Begegnung mit der Schrift. Ausdruckstanz ist ein ebensolches Angebot. Entlang der Bewegungen und Gesten, entlang des körperlichen Ausdrucks vermögen die Schauenden das Gehörte »nachzuhören« und mit sich zu verbinden, vielleicht sogar eine Haltung zur Botschaft des Wortes zu finden. In der Intensität seiner Wirkung ist der Tanz der Musik vergleichbar, die durch unterschiedliche Harmonien und Rhythmen nicht vordringlich den Verstand anspricht, sondern Gefühle wachruft. Während Wort und Musik über das Ohr »in den Menschen« gelangen, tut dies der Tanz über das Auge. Der die anderen Sinne meist dominierende Augensinn aber prägt unsere Wahrnehmung sehr stark. Was wir sehen, erreicht uns meist ungefiltert. So wirkt auch der Tanz sehr direkt und unmittelbar. Der Tanz ist wie eine Kraft, die in unser Wahrnehmen wirkt – als Kraft, die aufbaut und bestärkt, aber auch als Kraft, die vieles, auch Fremdes abverlangen kann. Sie kann etwas Bedrohliches haben, wenn sie in uns Emotionen weckt, die wir nicht erwarten, die wir scheuen oder nicht »für wahr nehmen« wollen. Beängstigend kann zusätzlich wirken, dass wir das Wahrgenommene oftmals nicht oder nur kaum in Worte fassen können. Das Herausbewegtwerden aus dem alltäglichen Sein mag indes ein Grundaspekt gottesdienstlicher Feier sein.

»Herausbewegt zu werden« ist als ekstatisches Moment Bestandteil von Volkstänzen und Tänzen, wie sie beispielsweise in afrikanischen oder südamerikanischen Gottesdiensten ihren Raum haben. Dabei geht es stets in erster Linie um das Selbsttun, nicht um das Anschauen des Tanzes. Diese Form der »tanzenden Gemeinde« hat in Mitteleuropa keine Tradition. Eine besondere Bedeutung kann die herausbewegende Kraft des Tanzes für Menschen in Krisen und Leid haben.

Schauend sich mitbewegen

Seit über dreißig Jahren tanze ich – mittlerweile stets solistisch – regelmäßig und zu den unterschiedlichsten Anlässen in Gottesdiensten und im Kirchenraum. Ermutigt dazu wurde ich durch Pfarrer, Theologen und Kirchenmusiker, die den Tanz als Teil menschlicher Ausdrucksform in der Liturgie schätzen und seiner ihm innewohnenden bewegenden Kraft Raum geben. Vielleicht bedeutender noch sind für mich die vielen positiven Reaktionen von Gottesdienstbesuchern auf mein Tanzen. Sie zeigen, wie Menschen durch »äußerliche« Bewegung innerlich bewegt und angerührt werden. Die oft in Bildern wiedergegebenen Eindrücke schildern, wie sich im Tanz Räume öffnen. Es sind Räume der Begegnung, die so unterschiedlich gefüllt werden, wie die Menschen sind, die den Tänzer beobachten und seine Bewegungen in sich aufnehmen. Was die Menschen in diesen Räumen erleben, liegt oft jenseits der Worte. Und obwohl in der Anschauung des Tanzes jede und jeder ganz Persönliches erlebt, so ist es doch ein starkes gemeinschaftliches und gemeindliches Erleben, das sich in der Person des Tänzers bündelt.

Tanz als Dienst

Der Tänzer tritt während der Liturgie in einen Dienst, der unterschiedliche Aspekte bergen kann. Als »Türöffner« ermöglicht er den Eintritt in eine persönliche Auseinandersetzung mit der Heilsbotschaft jenseits des Sagbaren. In Stellvertretung bewegt er sich – ganz körperlich – hinaus aus dem Alltag und begegnet dem Wort in seiner physischen und damit emotionalen Dimension: sich unvollkommen und begrenzt fühlen und doch getragen wissen; Schritte auf dünnem Eis wagen, um dann wieder sich am festen Grund zu freuen; eine Ahnung zu spüren von der vielleicht oft verhüllten Leichtigkeit, die menschlichem Sein auch innewohnt ...

Für den Tänzer versteht es sich von selbst, dass die Haltung des Dienens die Zurücknahme des Persönlichen und Individuellen verlangt. Sie äußert sich unter anderem in der zurückhaltenden und abstrahierenden Kleidung. Der Tanzende kann nur dann zum Türöffner und Ermöglicher werden, wenn er selbst mit seinen persönlichen Empfindungen und Befindlichkeiten zurücktritt. Er füllt das Unsagbare nicht aus, sondern gibt ihm Raum. Immer dort, wo dies nicht geschieht, wird künstlerischer Ausdruck zum rein persönlichen Bekenntnis, das peinlich berühren und eher vom Unsagbaren trennen kann. Der Tanz im Gottesdienst ist keine Aufführung, keine Vorführung. Hier wird nicht Eingeübtes möglichst fehlerfrei präsentiert, um zu erheitern, zu erbauen oder zu beeindrucken. Es geht nicht darum, persönliche Ansichten oder Dogmen zu visualisieren. Als Tänzer bin ich einerseits der, der sich ganz persönlich einbringt und dadurch auch mit seinem Aufnehmen der Schrift entäußert – andererseits trete ich ganz zurück vor dem, was ich in Bewegung bringe. Wie Musik und Schriftauslegung geht der Tanz in eine suchende, fragende, manchmal ahnende Bewegung.

In der Vieldimensionalität der Liturgie ist der Tanz ein Instrument unter vielen, die Räume öffnen und Begegnung ermöglichen können. Mit seiner starken emotionalen Kraft, entfaltet durch einen sich bewegenden menschlichen Körper, kann er ebenso vieldimensional für Bewegung im positiven Sinne der Un-Ruhe sorgen.

Tanz bei Trauerfeiern

St. Maria in Lyskirchen, eine romanische Kirche in Köln. Es ist der 2. November, Allerseelen – Tag des Totengedenkens. Die Kirche ist an diesem Wochentag nicht so stark besucht wie am Sonntag. Aber es ist hier Tradition, dass dieser Tag mit einem besonderen Gottesdienst begangen wird. Zu Beginn hat jeder eine Kerze im Gedenken an einen verstorbenen Menschen entzündet und an einer beliebigen Stelle im Kirchenraum abgestellt. Ein kleines, chaotisches Lichtermeer. Jetzt setzt die Orgel ein, Bachs Choralvorspiel »Wohl mir, dass ich Jesum habe«. Und plötzlich steht der Mann mit seiner schlichten weißen, eng anliegenden Kleidung mitten im Kirchenraum und beginnt zu tanzen. Vorher hatte er die Osterkerze gehalten, an der die vielen Lichter entzündet wurden. Jetzt erzählt er mit Gesten und tänzerischen Bewegungen sehr langsam und sehr reduziert eine Geschichte von Schmerz und Verlust, von Trauer und Tod. Aber auch vom Gefühl der Verbundenheit über den Tod hinaus und der Ahnung von einem Leben danach. Da sind Bewegungen, die wie ein Festhalten und Nicht-loslassen-Wollen wirken, dann wie ein verzweifeltes Zurückbleiben mit leeren Händen. Plötzlich schaut er suchend zu Boden, geht in die Hocke und streicht sanft mit der Hand über den kalten Kirchenboden: Wo ist noch etwas von dem Menschen, der diese Welt verlassen hat? In diesem Grab etwa? Der Tänzer löst seinen

Blick vom Boden und schaut hinauf ins Kirchengewölbe: Ist dort etwas? – Nein, wohl nur eine Täuschung. Aber in ihm selbst ist etwas: Erinnerungen, Gefühle, gemeinsam gelebtes Leben. In der Schlussgeste schlägt er die Spanne vom Irdisch-Vergänglichen zum Spirituell-Jenseitigen: Beide Arme sind diagonal weit ausgebreitet, ein Zeigefinger zeigt schräg nach unten, der andere schräg nach oben. Sein Gesicht drückt etwas zwischen Hoffnung und Zuversicht aus. Dann bringt der Tänzer beide Fingerspitzen vor seiner Brust zusammen und lässt sie einander berühren: ein Sinnbild menschlichen Lebens in Werden, Sein, Vergehen und – Bleiben.

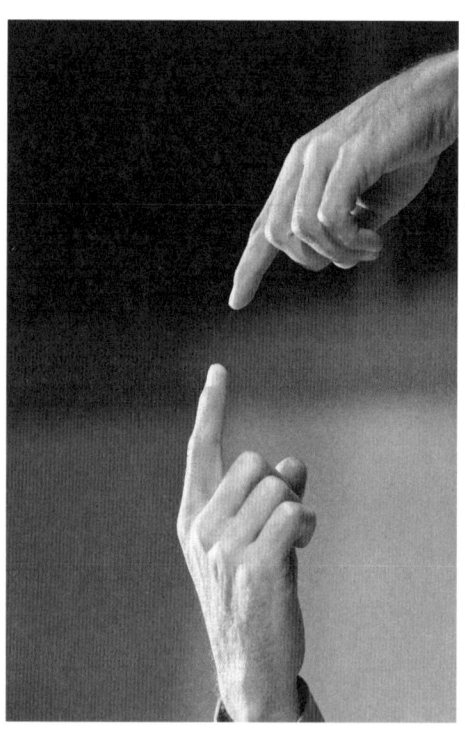

Klagen in Tanzen verwandeln

In der Trauerhalle eines großstädtischen Friedhofes. Viele Menschen sind gekommen, um Abschied zu nehmen von Claudia. Mit Mitte 50 ist sie einer Krebserkrankung erlegen. Die Trauerfeier haben die Angehörigen gemeinsam mit dem Bestatter und dem Geistlichen geplant. Nach der Predigt tritt der Geistliche beiseite. Eine Flöte erklingt, sie spielt das Thema des langsamen Satzes aus einem Cembalokonzert von Bach. Das war Claudias Lieblingskomponist. Und dann ist er wieder da, der Tänzer vom Allerseelentag. Er wiegt sich im Rhythmus der Musik und entwickelt Bewegungen und Gesten, die manchmal mehr Andeutung als klare Aussage sind. Und doch, da scheinen Lebenserfahrungen auf, die vielen in der Halle bekannt vorkommen: Gelassenheit, Fröhlichkeit, Angst, Verzweiflung, Schmerz, Festhalten und Loslassen. Claudia hatte sehr am Leben gehangen, sie hatte gekämpft. In den letzten Tagen aber war sie ruhiger geworden und hatte sich bewusst auf ihren Tod vorbereitet ... Der Tänzer ist inzwischen durch die offene Tür der Trauerhalle hinausgegangen auf den Friedhof, die Flöte verklingt.

Lebenstanz - nicht Totentanz

Tanz und körperlicher Ausdruck begleiten seit Menschengedenken die wichtigen Ereignisse des Lebens: Freudentänze zur Geburt oder Hochzeit, Trauergesänge und Klagegesten bei Krankheit und Tod. Die archaischen griechischen Vasenbilder zeigen in eindrucksvoller Abstraktion immer wieder Reihen tanzender Frauen, die sehr expressiv ihre Arme in der Totenklage über den Kopf erhoben haben. Anders als beispielsweise in Afrika oder Südeuropa ist diese Tradition des körperlichen Ausdrucks im Kontext von Tod und Trauer in Mitteleuropa nahezu unbekannt. Tanz, der immer Gefühle sichtbar werden lässt oder diese weckt, scheint hier in seiner Unmittelbarkeit und Direktheit an Grenzen zu rühren, die zu überschreiten man sich scheut. Haltung zu bewahren, statt sich gehen zu lassen, stillhalten, statt den Gefühlen ihren Lauf lassen – diese Konvention ist kaum irgendwo so greifbar wie bei Trauerfeiern und Beerdigungen hierzulande.

Der von mir geprägte Begriff des »Lebenstänzers« hat seinen Ursprung in langjährigen Erfahrungen bei der tänzerischen Mitgestaltung von Allerseelengottesdiensten und Begräbnisfeiern. Anders als in der Tradition des Totentanzes geht es darin nicht um einen Verweis auf die Vergänglichkeit irdischen Seins (der Tod trifft jeden, seiner »Aufforderung zum Tanz« kann sich niemand entziehen). Der Lebenstänzer greift Leid und Schmerz im Angesicht von Abschied, Tod und Trauer sehr wohl auf, doch er versucht zugleich, eine Ahnung spürbar zu machen von einem Leben jenseits von Tod und Trauer – für die Zurückbleibenden wie vielleicht auch für die Fortgegangenen, für manche Menschen im Blick auf die christliche Heilsbotschaft. Im Verweisen auf das Überweltliche und Jenseitige steht der Lebenstanz durchaus in der Tradition des klassischen Balletts, für mich bis heute die optimale Grundlage von Körperbildung und -training:

»Die Arabeske [= das lang ausgestreckte und in die Luft erhobene Bein des Tänzers, Anm. F. G.] tendiert also auf eine Überwindung des Diesseits hin, sie wird von der Bewegung zum Transzendenten bestimmt. Hierin liegt auch die Symbolik der Arabeske des Akademischen Tanzes: Der ausgestreckte Arm des Tänzers und sein ihm folgender Blick drücken die Sehnsucht nach dem Unendlichen aus, den Bezug des Menschen zur jenseitigen Welt« (Zacharias, 1962, S. 100).

Die Tür öffnen – Erfahrungsbericht einer Tochter

Im Oktober 2015 bat mich Sybille P., die Trauerfeier für ihre Mutter tänzerisch mitzugestalten. In einem Zeitungsbericht hatte sie von mir gelesen und die Ausdrucksform des Tanzes im Kontext von Trauer und Abschied sprach sie spontan an. In einem längeren Vorgespräch erklärte sie mir, dass das Verhältnis zu ihrer Mutter kein leichtes gewesen sei und sie stets das Gefühl gehabt habe, dass etwas Unausgesprochenes zwischen ihnen gestanden habe. Sie hatte den starken Wunsch, dieser Ambivalenz auch während der Trauerfeier einen Raum zu geben. So fand der Tanz in der kleinen Friedhofskapelle in der Nähe von Bonn nach der Heiligen Messe in der Kirche und vor der Aussegnung durch den katholischen Priester statt. Dieser konnte sich nicht dazu entschließen, schon während des Tanzes anwesend zu sein, und kam erst im Anschluss hinzu. Musikalisch begleitet wurde ich von einem Klarinettisten, der frei über einen Choral von Bach improvisierte. Auf sehr begrenztem Raum versuchte ich, Nähe und Distanz, Hoffnungen und Begrenzungen, Suche und Frage tänzerischen Ausdruck zu verleihen.

Nach annähernd zwei Jahren nahm ich während der Arbeiten an diesem Buch erneut Kontakt zu Sybille P. auf. Ich fragte sie danach, wie sie heute auf die Trauerfeier und mein Tanzen zurückblicken würde. Zunächst sprachlos sagte sie mir dann zu, ihre Gedanken und Gefühle aufzuschreiben und mir zu übermitteln. Mein Tanzen sei für sie ein »Auslöser« für eine intensive innere Bewegung gewesen. Hier ihre Worte:

Was der Tanz mit mir, der Tochter, machte:
Lebenstanz – Totentanz: Begleitung über die Schwelle hin zu neuem Leben.
Die Tote und die Zurückbleibende.
Die Tote im Totentanz.

Die Zurückbleibende aus der Eiszeit erstarrter Gefühle.
Aus Wut wurde Verzweiflung, wurde Erstarrung.
Der Tanz schenkt Bewegung.
Sanft löst sich die Erstarrung.
Hinter der Wut erscheint die Trauer.
Tränen können fließen.
Befreien tief im Innern.
Öffnen die Tür zur Versöhnung.
Sehen die Mutter und die Frau mit ihren Träumen.
Nun ist loslassen möglich.
Die schönen Erinnerungen dürfen ihren Platz einnehmen.
»Durch Dich bin ich auf diese Welt gekommen.
Dafür danke ich Dir.
Das Gute nehme ich mit mir.
Das für mich Unbrauchbare atme ich aus.«
Tanz bewegt ins Leben hinein.
Er-löst erstarrte Gefühle.
Ermöglicht Versöhnung.

Sybille P. schrieb mir auch, was der Tanz bei anderen Anwesenden ausgelöst habe: »Später führte ich viele Gespräche mit anderen Trauernden. Jeder wurde in sich auf seine Weise bewegt. Sie empfanden es als tröstlich, sich während des Tanzes hin zu ihren eigenen Gefühlen bewegen zu lassen. Sie gingen mit der Erinnerung an einen würdevollen Abschied.« (Vgl. hierzu Weiteres im Podcast von J. Bowman: http://www.immerundendlich.de/2017/10/04/08-ein-guter-abschied/.)

Nähe spüren – Erfahrungsbericht einer Mutter

Conny, die uns im Verlauf des Buchs schon an vielen Stellen begegnet ist, besuchte vor einigen Jahren eines meiner Seminare zu Hiob, diesem Urbild menschlicher Leiderfahrung aus dem Alten Testament. Im Verlauf des Seminars, das im Kloster Münsterschwarzach stattfand, erarbeitete ich mit der Gruppe ein einfaches, getanztes Vaterunser, das wir an einem Abend im Rahmen einer Andacht in der Krypta der Abteikirche gemeinsam »bewegt beteten«. Im Anschluss tanzte ich zur Klavierbearbeitung eines Bach-Chorals. Menschliches Leid in seinen Untiefen sollten darin einen Ausdruck finden, aber auch die Ahnung oder das Erinnern von Getragensein und Verbundenheit. Als Conny und ich uns im Frühsommer 2017 in München trafen, sprachen wir über das vier Jahre zurückliegende Seminar und kamen dann auch auf meinen Tanz und seine Wirkung. Der Suizid ihrer Tochter lag inzwischen neun Jahre zurück. Sie beschrieb das, was sie damals erlebte, mit folgenden Worten:

Die Trauer hatte meinen Kopf vom Körper getrennt.
Der Kopf sagt »Halte durch!«
Das Herz spricht von Schmerz und Zerrissenheit.
Mein Körper versucht, zu meinem Kopf zu sprechen, aber das kommt nicht an.
Der Tanz baut eine Brücke zwischen Kopf und Herz.
Was Dein Körper im Tanz zu sprechen vermag, das kommt in meinem Kopf an.
Im Weg über Deinen Körper geht es:
Mein Körper kann durch Dich zu meinem Kopf sprechen.
Dem Abspalten entgegenwirken.
Vom Einfrieren zum Auftauen.
Es taut wieder auf – von Schmerz zu Liebe.

Im Tänzer kann ich mich selber sehen – und mein Blick verändert sich.
Ich gehe anders raus, als ich hineingegangen bin.
Das geschieht unter Tränen und Schmerz – aber ohne das geht es nicht.
Dann: Mein Kind, Monika, sie ist mir plötzlich wieder nah!
Ich kann spüren: Da ist Verbindung – auf andere Weise.
Das zu erfahren: überlebenswichtig!

Conny erklärte mir, dass für sie der Tanz sichtbar machen könne, für was es keine Worte gebe. Anders als das Gehen, Laufen und Wandern wirke diese Art der Bewegung nachhaltig. Bis heute seien ihr die Bilder des Tanzes und die damit verbundenen Gefühle im Alltag immer wieder intensiv präsent und hilfreich, auch nach Jahren.

Kraft des Tänzerischen

Das Besondere, das hier von den Zuschauenden beschrieben und erlebt wurde, gilt sicherlich nicht nur für den Tanz im Kontext von Sterben, Tod und Trauer. Das schon weiter oben beschriebene Prinzip des Embodiment (vgl. S. 43), der Verkörperung, ist ein inhärentes Element des darstellenden Tanzes. Nicht nur, dass in ihm »etwas« – Stimmungen, Gefühle, Erfahrungen – ausgedrückt werden kann. Durch das Instrument des Körpers kann der Mensch »selbst noch das Chaos in eine Form bannen« (Soyka, 2004, S. 67 f.). Nicht Verbalisiertes oder Verbalisierbares kann durch Bewegungen eine durch den menschlichen Körper und seine Grenzen klar umrissene Form finden. Ordnung, Klärung und Sammlung werden möglich. Gelingt es, kann Tanz »das Seelenhafte körperlich sichtbar machen« (Dufner, 2009, S. 35), ähnlich wie ein zunächst leeres Gefäß, das sich zu füllen vermag. So wird eine über den Boden streichende Hand zur Suche nach dem Verlorenen oder zur Frage: »War das alles? Wo ist er, sie jetzt? Was bleibt?« Zwei einander sich annähernde oder sich entfernende Fingerspitzen können zur Füllform werden für ein Finden oder ein Verlieren, der Raum dazwischen zur unfasslichen Grenze zwischen Hier und Dort, Diesseits und Jenseits, Irdischem und Göttlichen … In seiner Offenheit für Deutungen, in seiner Uneindeutigkeit schafft der Tanz einen Füllraum für das Unausgesprochene oder Unaussprechliche. Der Tanz kann »Emotionen differenziert ausdrücken […] und helfen, Emotionen kathartisch auszuleben« (Tschacher et al., 2014, S. 55).

Weinende Hände

Diese Kraft kann sich schon in einzelnen Körperteilen widerspiegeln. Man sagt der legendären Sängerin Maria Callas nach, sie habe in ihrer Darstellung von Guiseppe Verdis Oper »La Traviata« »weinende Hände« gehabt. Das ist zunächst ein Paradoxon: Hände können nicht weinen. Doch offensichtlich waren Bewegungen und Haltungen ihrer Hände so sprechend, dass sich das Leid der um ihre erste tiefe Liebesbeziehung gebrachten Kurtisane unmittelbar dem Publikum mitteilte. Sind Fotos von Händen in der Hospizarbeit, in Palliative Care und Trauerbegleitung in Broschüren so häufig wie verhasst zugleich, so kann das daran liegen, dass Hände eine sehr starke Füllform der Verkörperung sind. Vielleicht ist es die Kraft der Geste, die es dem Betrachter fast unmöglich macht, sich ihrem Ausdruck zu entziehen: »Sprechende« Hände können wir kaum »überhören«. Etwas anders die bewegten Hände im Tanz: Hier wechseln Akzentuierungen, das »Gefäß« ändert seine Form und erlaubt unterschiedliche »Füllungen« – und lässt mir als Schauendem ein Mehr an Freiheit. Eindrucksvoll überliefert ist dies von der Ausdruckstänzerin Jo Mihaly (1902–1989), die in ihrem Stück »Mütter« (1930) vor allem ihre Hände »sprechen« ließ: »Auch wenn die Hände Alltagsbewegungen nachahmen, so sind sie mehr als Hände in jenen Bewegungen, denn sie werden mit übermäßiger Aufmerksamkeit zur sinnlichen Hauptattraktion der Choreografie« (Soyka, 2004, S. 146). Ein zeitgenössischer Kritiker beschreibt: »Wenn diese Gestalt – die für jedermann sogleich persönliche und überpersönliche Züge annimmt – eben noch mütterlich verzückt mit sorgenden Händen, und ganz in ihren Händen aufgehend und die von ihren Händen bestimmt und gezogen, den Weg des Kindes behütet, dann, erschreckt, enteilen fühlt, was unter diesen Händen war […]« (S. 146).

Der innere Tanz

Die durch die Betrachtung des tanzenden Menschen ausgelösten, dem Ungeformten entwundenen und in Form gebrachten Emotionen können der Anfang eines inneren Tanzes sein. Kann ich der Tänzerin oder dem Tänzer in einen Ausdruck folgen oder mich dort mit meinen Empfindungen hineinfinden, so kann ich mich mit ihr oder ihm auch von dort woandershin bewegen. Der tanzende Mensch bietet mir zunächst einen Bewegungsraum an, den ich füllen kann – beispielsweise in einer klagenden Geste, die meinen Gefühlen von Verzweiflung Ausdruck verleiht. Im nächsten Schritt vermag er tanzend einen Nebenraum zu öffnen, von dem ich zuvor nichts wusste, aber den ich mir von außen anschauen, in den ich vielleicht auch mit hinüberzugehen mich trauen kann: Diese »Raumöffnung« kann beispielsweise eine tänzerische Bewegung sein, die eine Ahnung von der Überwindung der Verzweiflung in eine Geste formt. Ohne dass ich mich selbst mit meinem Körper bewege, fange ich doch an, von der Stelle zu kommen. Ich gehe mit dem Tanzenden mit oder verbinde mich mit ihm, ein Prozess, der auch jenseits des Tanzes dem Menschen eigen ist: »Beobachten wir ein Gegenüber, nutzen wir automatisch die Fähigkeit zur Perspektivenübernahme, können uns in diese Person hineindenken und -fühlen, als ob wir die Welt geradezu mit ihren Augen betrachteten« (Tschacher et al., 2014, S. 58).

Der Einstieg in diesen Prozess geschieht, weil ich in den gezeigten Bewegungen etwas von mir Erlebtes oder Empfundenes (wieder-)finde. Erkenntnisse aus der Kognitionswissenschaft können hier erneut hilfreich sein, das Geschehen zu begreifen: »Jedes ursprüngliche Erleben beinhaltet die Speicherung von sensorischen, motorischen und erlebnisorientierten Zuständen. Wird später die Erinnerung an dieses Erleben relevant, wird das ursprüngliche Erleben teilweise körperlich simuliert« (Koch, 2009, S. 49). Sehe ich, wie der Tänzer sich selbst zärtlich umarmt, erwachen in mir Empfindungen aus meinem eigenen Erfahrungshintergrund: Umarmungen, die ich selbst empfangen oder gespendet habe. Und ich werde mich fühlen wie damals. Vergangenes wird zu spürbarer Gegenwart.

Im Miteinander von tanzendem und schauendem Menschen entsteht Synchronie (Gleichklang), beide bewegen sich gleichsam Hand in Hand: »Hier ist also nicht nur der Körper ›Spiegel der Seele‹, sondern auch die Seele Spiegel des Körpers, sogar des Körpers eines anderen Menschen« (S. 49).

Lösung?

Bewegt der darstellend tanzende Mensch sich und die Zuschauenden von einem »Einstieg« über eine »Wegstrecke« hinweg in andere Gegenden des Fühlens und Erinnerns, so ist *Lösung* möglich: vom Gegenwärtigen oder dem aus der Erinnerung in die Gegenwart Hineinragenden. Die Aussichts- und Hoffnungslosigkeit, der im Tanz zunächst Raum gegeben wird, tritt zurück, wenn der Tänzer sich von dort wegbewegt und Ausdrucksformen anderer Emotionen bildet. So, als lade er die Zuschauenden ein, die angrenzenden Zimmer eines Gebäudes anzuschauen und sie zu durchschreiten: einen Raum der Orientierungslosigkeit, einen des liebevollen Erinnerns, einen der Wut, einen Raum der Zuversicht, einen der Leichtigkeit, einen Raum des Zweifels und so weiter. Was geschehen mag, ist die *Ablösung* des einen vom anderen Erleben im Sinne einer zeitlichen Abfolge, vielleicht auch ein Sich-Ablösen aus Verhärtung und Verschlossenheit hin zu Fluss und Öffnung. Mittanzend können Nebenräume entdeckt werden und Schritte hinüber und hindurch gewagt werden. Dieses Wagnis mag tragbar erscheinen, weil der Tanz klar umgrenzt ist und einen festen Rahmen trägt:

Er hat einen Anfang und ein Ende. Das Durchwandern der Erlebnisräume ist zeitlich begrenzt und hat einen festen Boden, so wie der Grund, auf dem der Tänzer seine Bewegungen vollzieht. Da sich der Tanz in den Grenzen von Zeit, Raum und Körper vollzieht, wird er wohl nicht *Erlösung* bringen können. Am Ende des Tanzes werden sich alle wieder in dem realen Raum finden, in dem er seinen Anfang genommen hat und in dem wir erneut mit unserer Wirklichkeit im Außen und Innen konfrontiert werden – und auch mit dem Verlust. Dennoch haben wir eine Wegstrecke zurückgelegt, die ihre Spuren und »Rückstände« hinterlassen hat, ohne dass wir diese sofort bemerken. Vielleicht ist es ein wenig wie nach den Tänzen in St. Maria in Lyskirchen, wo meine Füße während des Tanzens die schwarze Farbe des Kirchenbodens aufnehmen und diese tief in die Haut eindringt. Es macht im Anschluss einige Mühe, sie wieder sauber zu bekommen. Als trauernde Mutter hat Conny gerade das »Anhaftende« des Tanzes als besonders positiv erfahren: »Tanz wirkt viel länger und tiefer als andere Formen der Bewegung!«

6 Bewegung ist Haltung: Trauernde begleiten

In diesem Kapitel wird die Bewegung der Begleitenden im Mittelpunkt stehen. So wie der trauernde Mensch in Bewegung gerät oder diese verliert, sind auch Trauerbegleiterinnen und -begleiter unterschiedlichen Bewegungen ausgesetzt oder gehen aktiv in Bewegung hinein, vielleicht auch, um einen trauernden Menschen zur Bewegung zu ermutigen. Angesprochen sind hier haupt- oder ehrenamtlich Tätige, die Menschen mit Verlusterfahrungen professionell zur Seite stehen, ebenso wie alle anderen, die ohne vorherige Aus- oder Weiterbildung einen Menschen ihres Umfelds in einer Zeit der Trauer unterstützen.

Haltung annehmen?

Im deutschen Sprachgebrauch liegt der Begriff der Haltung von seinem Wortstamm her weit weg von Bewegung: Halte ich etwas, kann es sich nicht mehr bewegen, und Haltung anzunehmen kommt dem militärischen »Strammstehen« nah. Wie anders Haltung in der Begleitung von Menschen in Krise, Leid und Trauer, in schwerer Krankheit und angesichts des nahen Todes verstanden sein will, haben Monika Müller und Matthias Schnegg eindrucksvoll in Worte gefasst (vgl. Müller, 2004). Halten ist hier das sorgende, behütende und schützende Tun oder Mitsein, das seinen Wortursprung von der Tätigkeit des Hirten ableitet (Müller, 2004, S. 111): ein Halten mit Raum, weit wie die Weide, auf der das Vieh Auslauf, Sicherheit und Nahrung finden kann. Die von Matthias Schnegg geprägte »Haltung um zu halten« ist von intensiver Mitbewegung geprägt, wie er am Beispiel der mittrauernden Freunde des biblischen Hiob beschreibt:

»Die Begleitenden sind in der Haltung der Demut – geerdet, eingefügt in die Bestürzung des eigenen Leides, das erlebbar wird im Blick auf den anderen, und sie fügen sich darin, ihn in seinem Schmerz verstehen zu lernen. Und das geschieht in der Haltung der Demut, sich dem anderen anzunähern, seine Haltung wahr- und einzunehmen und zu schweigen, unendlich lang eben gerade nichts zu sagen – als eine Würdigung des Schmerzes, der den anderen getroffen hat« (S. 190).

Wichtig erscheinen mir hier zwei Bewegungsaspekte: sich 1. auf den trauernden Menschen zubewegen und 2. seine Haltung einnehmen, sie teilen. Bezogen auf die Körperhaltung hat Dore Jacobs formuliert, was ebenso gut auf die innere Haltung im Sinne einer Einstellung zu etwas gelten kann: »Jedes Menschen Haltung ist ein Ergebnis seiner Lebensgeschichte und eng verbunden mit seiner ganzen Art zu leben, seelisch wie leiblich« (Jacobs, 1985, S. 271). Wenn sie erklärt, dass es nicht leicht ist, seine Haltung zu verändern, dann soll uns dieser Gedanke auch beim Blick auf die Haltung der Begleitenden präsent sein.

Wagnis Nähe – Mind the Gap

Die Nähe eines trauernden Menschen bewusst zu suchen, birgt Chancen und Risiken. Nah sein heißt, gut informiert und schnell handlungsfähig zu sein. Aus der Nähe kann ich die unterschiedlichen Ebenen der Trauerbewegung besser ausmachen, ich kann intensiver über meine unterschiedlichen Sinne wahrnehmen, was beim Anderen ist. So entsteht Resonanz, eine Innenbewegung, die wir häufig als Mitgefühl bezeichnen. »Beim Menschen ist die Resonanz dann alles, was mitschwingt, sich im Innern bewegt, wenn eine Wahrnehmung oder Empfindung entsteht. Resonanz ist die innere Bewegung des Körper-Selbst, die durch eine Wahrnehmung angestoßen wird« (Richter, 2011, S. 160). Wer so in die Mitbewegung geht, wird am eigenen Leib erahnen können, was der trauernde Mensch gerade durchmacht. Es ist jedoch weder »genau wissen« noch »verstehen«, da wir im Sinne des weiter oben beschriebenen Embodiment, der Verkörperung (vgl. S. 42 ff.), in der Mitbewegung – sei es in wahrnehmbarer Körperbewegung, sei es in einer inneren emotionalen oder gedanklichen Bewegung – unsere eigenen früher erlebten Gefühls-, Gedanken- oder Körperbewegungen wachrufen. Wir werden in der Mitbewegung mit dem trauernden Menschen etwas Eigenes *wieder*erspüren und *wieder*erleben. Nur so können wir mitfühlen: indem wir das gegenwärtig von uns bei unserem Gegenüber Wahrgenommene mit Ureigenem verbinden. Damit ist aber auch klar, dass wir dem anderen Menschen nur bis zu einem gewissen Punkt nahekommen können. Es wird immer ein Abstand bleiben und wir tun gut daran, uns dessen bewusst zu sein: »Mind the Gap« lautet in der Londoner U-Bahn der Warnhinweis auf den Abstand zwischen Zug und Bahnsteigkante.

Nähe schafft die Option, schnell zu handeln, etwas zu tun gegen schwer erträgliche Trauerbewegungen wie Niedergeschlagenheit, Antriebslosigkeit, Schuldgefühl oder andere. Gelingt es uns nicht, wach und aufmerksam unseren Handlungsimpuls vor seiner Realisierung daraufhin zu prüfen, ob er hier und jetzt eine angemessene Mit- oder Gegenbewegung ist, mag es sein, dass unsere »Antwort« auf das Wahrgenommene fehlgeht. Wer hat sich nicht schon dabei ertappt, wie er im Mitgefühl mitschwingend sich an Hilfreiches erinnerte, das ihm selbst in einer sehr ähnlichen Situation geholfen hat: »Versuch doch mal …, das hat mir auch sehr gut geholfen!« Natürlich kann sich dieser Rat als richtig erweisen, aber wäre es nicht viel naheliegender, mit dem trauernden Menschen auf die Suche nach dessen eigenen »Hilfsmitteln« (Ressourcen) zu gehen? Sich ihm zu nähern und sich dabei des bleibenden Abstandes bewusst zu sein – um sich dann gemeinsam auf eine Suche zu begeben: Vielleicht kann das der Anfang eines Stücks gemeinsamen Wegs durch die Trauer sein.

Haltung zwischen Stabilität und Labilität

Wenn wir – wie im Kapitel 1 beschrieben – davon ausgehen, dass Trauer mit Bewegung verbunden ist, so wird die Begleitung eines trauernden Menschen auch bewegt sein müssen. Lässt Trauer außen wahrnehmbare und/oder innen vollzogene Bewegung entstehen, so wird Begleitung nur durch ein Sich-Mitbewegen gelingen können. Wiederum ist es Dore Jacobs, die ein Wesenselement von Haltung für das Körperliche beschreibt: »Haltung ist nicht Halte, sie ist Bewegung, Spiel mit dem Gleichgewicht« (Jacobs, 1985, S. 273). Wer sich einmal auf ein Bein stellt, der wird deutlich spüren, wie viel »Bewegungsarbeit« es kostet, Haltung zu bewahren. Auf der körperlichen Ebene bedeutet Stehenbleiben also, in Bewegung zu sein. Kleinste oder größere Ausgleichsbewegungen halten den Körper in der Balance. Dore Jacobs hebt an dieser Stelle Labilität als positive Eigenschaft hervor. Wird eine Körperhaltung zu statisch und fehlt es an Labilität, der Fähigkeit zu schwanken, dann geht dem Menschen Entscheidendes verloren: Bewegungsfähigkeit. Diese positive Bewertung von Labilität ist ungewöhnlich, verbinden wir doch in der Regel Schwäche, Instabilität und mangelnde Kontinuität mit diesem Begriff. Für Jacobs fügt sich eine lebenstaugliche Haltung zusammen aus stabilen wie labilen Elementen, aus Halt gebenden Muskelanspannungen wie Bewegung zulassenden Muskelentspannungen.

Übertragen wir dieses Haltungskonzept auf den Prozess der Begleitung, so heißt das: Die Haltung der Begleiterinnen und Begleiter bedarf stabiler wie labiler Anteile. Dann ist Mitbewegung »an der Seite« des trauernden Menschen möglich. Stabilität braucht es, um Stand zu halten angesichts der mitunter heftigen Trauerbewegungen, die den trauernden Menschen in emotionale Extreme führen kann. Hier wird es vermutlich Kontinuität, Verlässlichkeit und Halt brauchen, um ab- und aufzufangen: Regelmäßigkeit der Kontaktaufnahmen, Klarheit und Eindeutigkeit von Worten, Handlungen und Standpunkten sowie die Bestätigung: »Es darf so sein, wie es ist.« Labilität hingegen erlaubt es, Mit- und Gegenbewegungen auszuführen, die das Gewohnte verlassen und in neues Terrain führen. Dabei ist nicht festzulegen, wer durch Labilität die Bewegung anführt, der Trauernde wie der Begleitende können die Bewegungsrichtung des Miteinander in Rhythmus, Richtung und Geschwindigkeit verändern. Nur der Labile kann aufgrund seiner Fähigkeit, zu schwanken, einen Schritt tun, sich auf den trauernden Menschen zubewegen und Standpunkte verlassen. Nur der Stabile wird Halt bieten können, der Belastung Stand halten können, die auf ihn zukommt.

Was heißt das nun in der konkreten Begleitungssituation? Jeder Kontakt zwischen dem trauernden Menschen und seiner Begleiterin, seinem Begleiter ist eigen, hat eine eigene Stimmung, findet unter den augenblicklichen Rahmenbedingungen statt. Jede Begegnung zwischen Begleitendem und Trauerndem ist schon im Vorfeld mit dem Gedanken verbunden: »Wie werde ich ihn oder sie heute antreffen? Was wird sein?« Dann wird es die Herausforderung oder Einladung sein, die augenblicklich hilfreiche Haltung zu suchen und einzunehmen in ihren Anteilen aus Stabilität und Labilität: Ich halte den Schmerz mit aus oder gehe mit in die Suche, in das Fragen nach dem, was wird. Ich bleibe bei mir und biete ein verlässliches Gegenüber oder ich verlasse den sicheren Boden und wage es, von meinen eigenen Ohnmachtsgefühlen zu sprechen.

Es wird uns Begleiterinnen und Begleitern trauernder Menschen – »uns«, da wir alle Menschen kennen, treffen, begegnen, die unter einer Verlusterfahrung leiden – vielleicht nicht immer gelingen, das gute Maß beweglicher Haltung zwischen Stabilität und Labilität zu finden. Das allerdings liegt in der Norm des Menschlichen: »[…] der Mensch hat sein Gleichgewicht nicht, er muss es immer neu finden« (Jacobs, 1985, S. 273). Das gilt wiederum nicht allein für die Balance des Körpers, der aufrecht stehen will, sondern auch für die unterschiedlichen Anteile einer beweglichen Haltung. Doch wie beim körperlichen Gleichgewicht können wir reagieren und gegensteuern, uns nach und nach einpendeln.

Bewegung ermöglichen

Neben der Suche nach einer angemessenen Haltung für sich selbst kann es auch als Aufgabe der Begleiterinnen und Begleiter verstanden werden, trauernden Menschen Bewegung zu ermöglichen oder sie dazu anzuregen. Nicht allein die mit dem Trauergeschehen inhaltlich verbundene Bewegung ist hier gemeint. Wie im Kapitel 3 beschrieben wurde, wohnt der körperlichen Bewegung eine Kraft inne, die jenseits einer Verknüpfung mit Gedanken oder Gefühlen wohltun kann. So wie der ungefragt mitgebrachte Suppentopf dagelassen wird als Angebot, sich etwas Nahrhaftes und Gutes zuzuführen, so kann die Einladung zu körperlicher Bewegung eine wohltuende Handreichung sein: »Wollen wir mal eine Runde drehen?« oder »Du, ich war heute noch gar nicht vor der Tür, magst du mich begleiten?« oder »Es gibt da einen neuen Pilates-Kurs für Anfänger und ich habe überlegt hinzugehen, wäre das was für dich?« Die nicht auf positive Antwort wartende Einladung, das unverfänglich übermittelte Angebot ohne den direkten Bezug zur aktuellen Situation des trauernden Menschen kann zur Ermöglichung von Bewegung werden. Gerade ein »normaler« Umgang ist häufig das, was Menschen sich in der Ausnahmesituation eines Trauergeschehens wünschen. Werden die Angebote ausgeschlagen, so kann das unterschiedliche Ursachen haben. Möglicherweise ist Außenbewegung momentan nicht vorstellbar oder das Bedürfnis nach Einkehr und Verweilen in innerer Bewegung ist das augenblicklich Passende. Es mag aber auch sein, dass der trauernde Mensch instinktiv spürt, dass eine Außenbewegung zu verstärkter Innenbewegung führen kann und dazu, dass nicht absehbare Gefühle und Stimmungen aufsteigen und sich Raum nehmen: »Körperarbeit und Bewegungserfahrungen sind Zugangsweisen zu tiefgehenden Erfahrungsbereichen« (Richter, 2011, S. 162). Vermeintlich unverfängliche Körperbewegung kann starke Gefühle hervorholen.

Bewegung als Grenzerfahrung

Begleiterinnen und Begleiter sollten sich der Kraft des Körperlichen bewusst sein. Menschen Bewegung zu ermöglichen oder sie zur Bewegung zu ermuntern, bedarf eines hohen Maßes an Aufmerksamkeit und Vorsicht: »Körper- und Bewegungserfahrung ist im Wesentlichen Erleben an der Grenze, Arbeit an der Grenze der Beweglichkeit, Sensibilität, Durchlässigkeit, Kontakt- und Begegnungsfähigkeit« (Richter, 2011, S. 162). Und so liegt es nahe, dass die Begleitenden auch auf sich selbst achtgeben: »Ganz wichtig ist, dass der Begleiter auch seine eigenen Grenzen respektiert, die Grenzen seines Könnens, aber auch dessen, was er selbst verarbeiten kann« (S. 162). Wer andere Menschen zur Bewegung ermuntern möchte, der braucht eine eigene

Nähe zu ihr und die entsprechenden Erfahrungen damit. Wer selbst kaum einen Zugang hat zu körperlicher Bewegung, dem wird es schwerfallen, das ihr innewohnende Potenzial glaubhaft zu vermitteln. Wie in anderen Kontexten der Begleitung ist auch hier Authentizität eine Schlüsselqualifikation.

Bewegung als Ressource – eine Checkliste

Wer sich mit dem Gedanken trägt, in einem Prozess der Trauerbegleitung körperliche Bewegung anzubieten oder einzubeziehen, der sollte sich im Vorfeld einige Fragen beantworten, die für den weiteren Verlauf entscheidend sein können. »Körperliche Bewegung« meint im Folgenden alle denkbaren Formen, vom Spaziergang über gymnastische Übungen bis hin zur Teilnahme an speziellen, bewegungsorientierten Seminaren für trauernde Menschen. Die Rolle der Begleiterinnen und Begleiter kann hier von der Anregung zur Teilnahme an Bewegungsangeboten in einem Gespräch über die Einladung zu einem Spaziergang bis hin zu Körperübungen variieren, die mit dem trauernden Menschen gemeinsam durchgeführt werden. Fehlendes eigenes Erfahrungswissen kann in Fortbildungen und auf anderen Wegen erworben werden. Vielleicht ist es auch ein guter Weg, zunächst einmal körperliche Bewegung als Ressource (Kraftquelle) für sich selbst und als Stärkung für die Begleiterrolle zu entdecken.

In alldem darf nicht vergessen werden, dass der Einsatz körperlicher Bewegung kein Muss, sondern eine Option unter vielen ist. Hat der trauernde Mensch bislang noch keine kraftspendenden Erfahrungen mit körperliche Bewegung machen können, so ist es möglich, dass er oder sie über einen längeren Zeitraum hinweg diese Ressource für sich entdecken kann, beispielsweise indem die Begleiterin oder der Begleiter von seinen eigenen Erfahrungen erzählt. Unbedingt vermieden werden muss jedoch, dass allein die positiven Erfahrungen der Begleiterinnen und Begleiter mit körperlicher Bewegung zum Maßstab des Handelns werden und dabei die Wünsche, Fähigkeiten und Bedürfnisse der Trauernden aus dem Blick geraten. Aufmerksames Beobachten und Wahrnehmen dessen, was ist, kann die Entscheidung für oder gegen den Einsatz körperlicher Bewegung auf ein gutes Fundament stellen. In jedem Fall gilt hier – wie auch in allen anderen Aspekten der Begleitung – der (dem Architekten Ludwig Mies van der Rohe zugesprochene) Satz »Less is more!« – weniger ist mehr!

I. Voraussetzungen auf der Seite der Begleiterinnen und Begleiter

Wer eine oder mehrere der folgenden Fragen mit nein beantworten würde, sollte für den Moment davon Abstand nehmen, aktiv körperliche Bewegung in den Begleitprozess integrieren zu wollen.

- Ist mein eigenes Verhältnis zu körperlicher Bewegung und zu Körperlichkeit insgesamt positiv und lebendig?
- Ist Bewegung für mich selbst eine Kraftquelle (Ressource)?
- Habe ich eigene praktische Erfahrungen?
- Bin ich mir des (aus-)lösenden Effekts körperlicher Bewegung im Hinblick auf (noch) nicht gelebte Emotionen bewusst?
- Bin ich bereit, mit den möglichen Folgen von Bewegung wie zum Beispiel heftigen Gefühlsausbrüchen umzugehen?
- Gibt es ein geeignetes Ambiente, ausreichend Zeit und Raum für körperliche Bewegung?

II. Voraussetzungen auf der Seite des trauernden Menschen

Die Beantwortung der folgenden Fragen setzt voraus, dass die am Begleitungsprozess Beteiligten einander bereits ein Stück weit kennen, sodass Vertrauen entstehen konnte und die oder

der Begleitende Informationen über das Verhältnis des trauernden Menschen zu körperlicher Bewegung erhalten konnte.
- Wie ist ihr/sein Verhältnis zu körperlicher Bewegung und zu Körperlichkeit insgesamt?
- Gibt es negative Erfahrungen im Hinblick auf Körperlichkeit, Körperübungen und Bewegungstechniken?
- Ist oder war Bewegung für sie oder ihn eine Kraftquelle (Ressource)?
- Welche Formen von Bewegung waren in der Vergangenheit besondere Kraftspender?
- Ist er oder sie körperlich und gesundheitlich in der Lage, körperliche Bewegung auszuführen?
- Welches sind mögliche Hinderungsgründe, die den Zugang zur Ressource Bewegung verstellen, und können diese überwunden werden?

Bewegung bleibt Wagnis

Unbenommen einer positiven Beantwortung aller oben genannten Fragen und bei besten räumlichen, zeitlichen und persönlichen Voraussetzungen bleibt es ein Wagnis für jede Begleiterin und jeden Begleiter, den trauernden Menschen zur Bewegung anzuregen, ihm Angebote zu vermitteln oder selbst mit ihm oder ihr einfache Körperübungen zu realisieren. Nicht anders als im Gespräch wird auch hier die Suche nach dem Hilfreichen das Entscheidende sein. Das Prinzip des »Trial and Error« (Versuch und Irrtum) gilt auch hier. Und wenn der trauernde Mensch die angebotene Möglichkeit körperlicher Bewegung als Ressource nicht annehmen mag oder kann, so wird er die Suche der oder des ihn Begleitenden als Ausdruck der Mitsorge wahrnehmen können. Und Suche ist letztlich auch Bewegung.

Wir dürfen stehenlassen!

In einer Zeit, die auf Körperbildung, Selbstoptimierung, Fitness, Dynamik und Persönlichkeitsentwicklung höchsten Wert legt, fällt es schwer, sich diesen scheinbaren Geboten zu entziehen. Wer kann sich schon erlauben, stehenzubleiben, sich nicht weiterzuentwickeln, zu verharren? Schon bei Kindergartenkindern werden heute Entwicklungspotenziale konstatiert, die es natürlich auszuschöpfen gilt. Das Potenzial ist nicht Möglichkeit, sondern Imperativ. Es kostet Kraft, sich und anderen Menschen den Stillstand zuzugestehen, obwohl wir im Grunde um dessen Wert wissen (siehe S. 30 ff.). Hüten wir uns davor, uns selbst und anderen Bewegung aufzudrängen. Das gilt ganz besonders für Menschen in der vulnerablen Situation nach einem Verlust, in Krise, Leid und Trauer. Wie gern würden wir hier und da zu einem Schritt ermuntern: »Geh nur ein kleines Stück – und alles wird leichter sein!« Wir sehen beim anderen Menschen ein »Potenzial«, eine Möglichkeit hin zum vermeintlich Besseren. Dem möchte ich ein vehementes »Halt« entgegensetzen. Wir dürfen als Begleiterinnen und Begleiter andere Menschen stehenlassen, wir müssen dies gelegentlich sogar! Der Respekt vor den Bedürfnissen und Wünschen des Menschen, dem wir zur Seite stehen wollen (sic!), soll uns leiten. Das ist nicht leicht. Wo wir doch die (Aus-)Wege schon sehen, die er oder sie noch nicht einmal ahnt. Da kann es hilfreich sein, sich an zwei Sätze zu erinnern, die Meinrad Dufner treffend formuliert hat und die beide wunderbar mit Bewegung verknüpft sind: »Gehen ist potenzielles Fallen« – »Gehen fordert das Verlassen« (Dufner, 2009, S. 11). Wer auch nur einen Schritt tun will, der muss zunächst ein Bein vom Boden heben und den sicheren Stand aufgeben, also ein Risiko eingehen. Habe ich mich in Bewegung gesetzt und bin losgegangen, dann habe ich meinen früheren Standpunkt aufgegeben und etwas zurückgelassen.

Können wir das von einem trauernden Menschen verlangen? Können wir das überhaupt von einem Menschen verlangen oder erwarten? Es genügt, wenn wir auf uns selbst schauen und unsere innere Bewegungsbereitschaft, auf unsere Risikobereitschaft, neue Schritte zu tun oder Vertrautes zurückzulassen: Nein. Wir dürfen und müssen auch stehenlassen können! Bis dann Bewegung (wieder) möglich wird. Und dazu dürfen wir als Begleitende ermutigen, indem wir Mut und Kraft zusprechen.

Bewegte Begleiterinnen und Begleiter

In der Suche nach einer angemessenen Haltung kann Bewegung für die Begleitenden ein bedeutsames Instrument der Selbstsorge und Selbstreflexion sein. Seit mehr als acht Jahren führe ich regelmäßig Seminare und Workshops für Menschen durch, die als Haupt- oder Ehrenamtliche in Hospizen, Hospizdiensten und palliativmedizinischen Einrichtungen tätig sind. Ziel dieser Seminare ist es, für die »wortlosen Botschaften« zu sensibilisieren und die positive Wirkkraft der Körperarbeit spürbar zu machen. Feste Bestandteile dieser Weiterbildungen sind zwei unterschiedliche Aspekte: die nonverbale Kommunikation mit Patienten, Bewohnern und Kollegen sowie die Begegnung mit sich selbst im Rahmen von Self Care und Burnout-Prophylaxe. Meine Erfahrungen legen nahe, dass auch für Trauerbegleiterinnen und -begleiter Bewegung und Körperarbeit ein wichtiges Unterstützungsangebot sein können.

Aber der »Weg über den Körper« kann – wie im 3. Kapitel zur Kraft der Körperlichkeit erläutert (siehe S. 38 f.) – Widerstände wecken. Nicht allein die Bitte, bequeme Kleidung zu tragen und dicke, wollene Strümpfe mitzubringen, lässt manchen Seminarteilnehmer/-innen im Vorfeld nervös werden. In einem Salzburger Universitätslehrgang Palliative Care kursierte am Tag vor meiner Unterrichtseinheit die Information: »Morgen kommt ein Tänzer. Da müssen wir Socken anziehen und tanzen!« Man kann sich vorstellen, wie widerständig bis ängstlich ich am nächsten Morgen erwartet wurde. Stehen meine Workshops auf dem Programm, muss auch die oft kunstvoll gestaltete Mitte (Blumen, Tücher, Kerzen etc.) weichen. Zurück bleibt ein Leerraum. Und dieser ist entscheidend, denn er wird im Verlauf des Seminars zum gefüllten Spiel- und Erfahrungsraum.

Einstimmung des Instruments

Eine gute Einstimmung und Erwärmung ist hier wie bei anderen Methoden der Körperarbeit unverzichtbar (vgl. hierzu Schnegg, 2014, S. 30). Das Instrument, der Körper, will gestimmt sein, vorbereitet sein für das Spiel, für die Bewegung. In diesem ersten Abschnitt eines solchen Seminars wird auch die Wahrnehmung vom Hören hin zum Spüren und Schauen gelenkt. Am Anfang stehen einfache Bewegungsübungen, die konzentrationsfördernd und lockernd wirken. Sie sind »unverfänglich«, da es hier nicht um den Ausdruck von Gefühlen oder gar um Tänzerisches geht. Die leichten Übungen sind praktische Hilfe bei Muskelverspannungen und Stress. So fallen Hemmungen, und ohne Scham, aber mit viel Humor kann beim gemeinsamen »Turnen« das Feld für eine intensivere Auseinandersetzung mit den Aspekten körperlichen Ausdrucks bereitet werden.

Der Blick kann dann zunächst darauf gelenkt werden, wie unser Körper im Alltag »spricht«, sei es bewusst oder unbewusst: Was tun wir, wenn wir warten, ungeduldig, hilflos, ängstlich, freudig sind? In Kleingruppen erspielen sich die Seminarteilnehmer/-innen diese und andere Situationen. Anfangs fällt das schwer – darüber zu reden erscheint leichter. Doch über die Erinnerung an selbst Erlebtes lassen sich typische Beispiele für Mimik, Gestik und Haltung finden. In der Auswertung der Spielszenen wird deutlich, dass Emotionen sehr unterschiedliche körperliche Ausdrucksformen haben und in Intensität und Qualität überaus vielfältig sein können.

Ergänzung zur klassischen Supervision

Die auf Alltagssituationen hin erspielten Emotionen werden im nächsten Schritt mit der Arbeit in der Begleitung schwerstkranker und trauernder Menschen in Beziehung gesetzt: Wo habe ich Warten, Ungeduld, Hilflosigkeit, Angst und Freude in meinem beruflichen Umfeld erlebt? Welchen körperlichen Ausdruck fanden die Gefühle dort? Bereits an dieser Stelle machen viele Teilnehmer die Erfahrung, welche Wirkung es haben kann, wenn sie in Körperhaltungen gehen, die ein bestimmtes Gefühl ausdrücken sollen. Anders als im Sprechen darüber stellen sich dann sehr rasch die zugehörigen Emotionen ein. So kommt es zu einer Begegnung mit dem Selbst und der eigenen Emotionalität. Die gelegentlich sehr starken Gefühle können, müssen aber nicht verbalisiert werden. Anders als in der klassischen Supervision kann die Selbstberührung und unerwartete Konfrontation mit vielleicht ungelebten oder aufgestauten Emotionen vollzogen werden ohne das Gefühl, sich damit »outen« zu müssen.

Den Körper sprechen lassen

Das Hineingehen in den körperlichen Ausdruck lebt aus den Schwingungen des Augenblicks: »Finden Sie einen körperlichen Ausdruck für Ungeduld!« So wie jeder einzelne Teilnehmer momentan »da« ist, so wird er oder sie die Bewegungen und Haltungen füllen. Körperarbeit gewinnt hier Züge eines schöpferischen Aktes. Das Schöpferische wiederum bedient sich des längst Gewussten und lädt zugleich zu neuen Erfahrungen ein. In der schützenden Atmosphäre des Workshops werden so Einblicke in das eigene Gefühls(er)leben und Empfinden möglich. »Plötzlich war da eine so große Traurigkeit in mir, dass ich nicht wusste, ob ich weitermachen sollte«: Im Einnehmen einer Trauerhaltung wurde die Pflegeleitung einer Palliativstation von sehr starken eigenen Gefühlen überrascht. Ihr war zuvor nicht bewusst gewesen, wie viel Traurigkeit in ihr selbst lag.

In den Seminaren geht es nicht darum, Menschen emotional aufzuwühlen oder gar bloßzustellen. Vielmehr können die Teilnehmer und Teilnehmerinnen sich selbst begegnen und etwas über sich lernen: »Ja, da ist auch viel Traurigkeit in mir. Ich bin nicht nur die Starke, die Halt-Gebende. Ich bin auch leidend, das ist ein Teil von mir.« Die Begegnung mit Gefühlen, die man in sich trägt, die aber verborgen liegen oder nicht »für wahr genommen« werden, kann schmerzhaft und heilsam zugleich sein. Weiß ich um die eigene Traurigkeit, so kann mich dies den mir anvertrauten Menschen sehr viel näherbringen als das Verharren in der Position der Stärke des Halt-Gebers. Die Selbstbegegnung durch Bewegung und Körperarbeit kann aber auch dazu führen, die eigene berufliche Situation kritisch zu hinterfragen: »Brauche ich mehr Abstand? Kann ich diese Arbeit noch tun? Muss ich stärker für Ausgleich sorgen?« So können nicht nur im körperlichen Sinn während eines solchen Seminars unflexible und eingefahrene Standpunkte zu flexiblen »Wankpunkten« (Schnegg, 2014) werden, die beweglicher auf Druck und Belastung reagieren können.

Der Wald der Schwankenden

Gegen Ende des Seminars fordert dann doch der Tänzer im Seminarleiter seinen Tribut. Die Teilnehmer studieren unter seiner Leitung eine Choreografie ein. Das Stück heißt »Der Wald der Schwankenden«. Zum langsamen Satz eines Mozart-Klavierkonzertes »erzählt« die Gruppe eine Geschichte von Vereinsamung und Begegnung. Wie bei einer richtigen Theaterprobe werden die einzelnen, sehr einfachen Bewegungen erst »trocken«, das heißt ohne Musik, eingeübt und dann mehrmals wiederholt. Wo am Anfang noch gekichert wird, da wird es mit der Zeit ruhiger und ernster. Die »Darsteller« steigen in die Rollen ein. Die meisten der Bewegungen haben alle im Lauf des Tages schon einmal vollzogen: stehen und schwanken, zusammenbrechen, sich aufrichten, Gleichgewicht suchen und finden.

Kalte und hektische Menschen hetzen kreuz und quer durch den Raum. Jeder bahnt sich rücksichtslos seinen Weg: Einzelkämpfer bei der Selbstverwirklichung. Nach und nach findet jeder einen Platz, isoliert und ohne Kontakt zu den anderen. Da setzt die Musik ein: zärtlich, ruhig schwingend und tänzerisch. Die Menschen beginnen, in unterschiedliche Richtungen zu schwanken, wie Solitäre in einem Wald. Mit einem starken Akzent der Musik knicken sie ein, brechen zusammen. Sie haben den Halt verloren. Doch sie rappeln sich wieder auf, orientieren sich allesamt in eine neue Richtung: »Da lang soll es jetzt gehen, das verspricht mehr Erfolg!« Aber geändert hat sich nichts. Jeder steht für sich allein, schwankend, isoliert. Die harmonische Musik klingt dazu ein wenig wie Hohn. Dann plötzlich beenden sie alle das Schwanken, halten inne, als sagten sie zu sich selbst: »Moment mal! Da ist doch was! Da sind noch andere um mich herum.« Und dann bewegt sich etwas. Die Köpfe, sehr langsam, drehen sich, bis Blicke einander treffen. Immer zwei Menschen haben sich erkannt, sich gefunden: »Dir geht es wie mir!«

Langsam drehen sie ihre Körper zueinander und bewegen sich aufeinander zu. Sie bleiben, Schulter an Schulter, voreinander stehen, lehnen sich an. Dann beginnen sie, gemeinsam zu schwanken. Und auf einmal klingt die Musik nicht mehr wie Hohn, sondern wie ein zärtliches Wiegenlied. Von weitem gänzlich unbemerkt fassen die schwankenden Paare sich bei einer Hand. Und statt aneinander vorbeizugehen und sich zu trennen, sind sie nun mit den Händen verbunden, wenden sich wieder zueinander. Voller Vertrauen lassen sie sich langsam nach hinten fallen. Sie scheinen zu wissen: »Mein Gegenüber lässt nicht los!« Dann scheint das Ende der Geschichte zu kommen, denn die Paare gehen aufeinander zu und wie aneinander vorbei. Doch als sie genau nebeneinanderstehen, drehen sie einander den Rücken zu, sie halten einander den Rücken frei. Sanft beginnen sie miteinander seitlich zu schwanken. Die Musik wird langsam leiser ...

Erst nachdem ich diese Choreografie schon mit zahlreichen Gruppen Haupt- und Ehrenamtlicher einstudiert hatte, stieß ich auf Martin Bubers Gedanken »Alles wirkliche Leben ist Begegnung« (Buber, 1973/2017, S. 17). Und hätte ich nicht schon einen anderen Titel für das Stück gehabt, so wäre es dieser geworden. Die gemeinsame Bewegung in den Seminaren, angefangen mit den Lockerungsübungen bis zum gemeinsamen Ausdruckstanz, öffnet Raum für das »Dazwischen«: zwischen den vorgegebenen Übungen, zwischen den Teilnehmerinnen und Teilnehmern, für die Zwischenräume in einem jeden selbst. Diese Spielräume zu entdecken und kennenzulernen schafft Ressourcen – nicht zuletzt für die Anfragen in der Begleitung von Menschen in Krisen, Leid und Trauer.

Doch ein Walzer?

Sorgen haupt- oder ehrenamtliche Begleiterinnen und Begleiter in der oben beschriebenen oder einer anderen Weise für ihre eigene Stand- und Bewegungsfähigkeit, körperlich wie mental und emotional, dann werden sie vorbereitet sein für die Begegnung mit dem trauernden Menschen und können mit ihm in Bewegung gehen. Annäherung und Mitbewegung sind möglich als Mitsein oder Mitgehen: »[…] die aktive Bewegung, mit der ein Mensch ›Du‹ sagt« (Steinmetz, 2016, S. 26). Es ist eine Bewegung hin zur Trauernden, zum Trauernden: »Die dialogische Grundbewegung ist die Hinwendung« (Buber, 1973/2017, S. 169). Auf die Hinwendung folgt gemeinsame Bewegung – Innen- und/oder Außenbewegung, die Madeleine Delbrêl als einen Walzerschritt beschreibt, die Haltung der Begleitenden als die eines Tanzpartners. Sie beschreibt tanzende Menschen am 14. Juli, dem Nationalfeiertag der Franzosen – wir verstehen ihre Worte als Haltungsanweisung für haupt- und ehrenamtlich Begleitende:

»Um ein guter Tänzer zu sein, mit Ihnen oder auch sonst, brauchen wir nicht zu wissen, wohin das führt.
Wir müssen folgen,
heiter sein und leicht,
und vor allem nicht steif.
Wir sollten Sie nicht nach Erklärungen fragen
für die Schritte, die Sie gerne tun.
Wir sollten wie eine leichtfüßige und bewegliche
Verlängerung von Ihnen sein,
und von Ihnen den Rhythmus des Orchesters empfangen.
Wir dürfen nicht um jeden Preis vorankommen wollen,
aber wir müssen akzeptieren, wenn wir uns drehen, uns auf der Stelle hin- und herwiegen.

Wir müssen stehenbleiben können und schlittern, statt zu marschieren.
Und alles das wären nichts als dumme Schritte,
wenn die Musik daraus nicht Harmonie machte.«
(Delbrêl, 1995, S. 81, Übersetzung d. Autors)

7 Es wird gehen: Wegweiser und Übungsformen

Aktiv und bewusst vollzogene Körperbewegung birgt die Chance, Selbstwirksamkeit zu erleben. Bewegung bedeutet Zustandsveränderung, und diese selbstständig herbeizuführen ist gleichbedeutend mit einer Befreiung aus dem Käfig, wie Conny ihn um sich herum empfunden hatte. Sie kann als Machtdemonstration verstanden werden gegen die Ohnmacht des passiv erlittenen Verlustes. Bewegung zu wagen, birgt aber auch das Risiko, Unerwartetem und Unkalkulierbarem zu begegnen: Ich weiß nicht genau, wohin mich Bewegung trägt.

Das Wagnis, sich als trauernder Mensch selbst – oder durch die Anregung und/oder Anleitung durch eine Begleiterin, einen Begleiter auf Körperbewegung einzulassen, kann jedoch auf unterschiedlichen Ebenen positive Effekte haben. Die hier in einer kleinen Auswahl vorgestellten Übungen können multifunktional eingesetzt werden: Manche können als funktionale Übungen verstanden werden, die Beweglichkeit, Körperausdruck und Bewusstheit der Bewegung fördern. Andere sind eher erlebnisorientiert, wecken Neugier, Experimentierlust und können das Erlebnis- und Erfahrungsspektrum erweitern. Eine dritte Ebene wirkt konfliktzentriert: »Emotionale Schlüsselsituationen werden vergegenwärtigt und einer Lösung zugeführt« (hierzu Richter, 2011, S. 162).

Mögliche Effekte körperlicher Bewegung im Trauerprozess

- Einfache Körperübungen mit »gymnastischem Ansatz« können zu Lockerung und Entspannung beitragen.
- Kombinierte Atem- und Bewegungsübungen können dazu beitragen, die Atmung zu intensivieren – mit dem Effekt, Kreislauf und Stoffwechsel anzuregen (»Durchatmen«).
- Die gestellte Aufgabe, Übungen durchzuführen und auf den Körper zu achten, fördert die Konzentration und das »Zu-sich-Kommen«; das Abschweifen oder Fixiertsein der Gedanken wird unterbunden (»Gedanken-Stopp«).
- Über die Bewegung des Körpers kann der Geist in Bewegung geraten (zum Beispiel den Körper aufrichten und sich dann stark fühlen). Körperbewegung kann ein aktiver Schritt hinein in die Trauerbewegung sein. Der Körper wird in der Bewegung zu einem »Gefäß«, das sich mit zuvor unbemerkten oder unzugänglichen Gefühlen füllen kann.
- Bewegungsübungen ohne vordergründige Orientierung am Trauerprozess vermögen dazu beizutragen, ins »Hier und Jetzt« zu kommen, abzuschalten und zugleich im Augenblick präsent zu sein. Bewegung und Tanz können dabei helfen, aus dem alltäglichen (Trauer-)Trott auszusteigen und das Gestern wie das Morgen für den Moment zu vergessen.
- Im Erspüren des Körpers und seiner Bewegung oder mit der Bewegung im Raum kann im glücklichen Fall das »Sein« ohne Alltagsbezug und hier im Besonderen ohne einen Bezug zur Verlusterfahrung erspürt werden (»Ich bin mehr als Trauer!«).

Übungen

Die folgenden einfachen Körperübungen können hilfreiche Impulse sein für Menschen in Krisen, Leid und Trauer – aber ebenso gut auch für die Begleitenden. Sie sind einfach zu realisieren, können allein oder in einer Gruppe durchgeführt werden und bedürfen keinerlei Vorkenntnisse oder besonderer körperlicher Fähigkeiten. Sie können dabei helfen, Abstand zum (Trauer-)Alltag zu gewinnen, die Selbstwahrnehmung zu stärken und Körpergefühl zu entwickeln. Grundlage der hier vorgestellten Übungen ist die Bewegungstechnik »Gyrokinesis«, die von dem ehemaligen Tänzer Juliu Horvath entwickelt wurde (www.gyrotonic.com). Ich selbst praktiziere diese Übungen seit über zehn Jahren und unterrichte sie auch als zertifizierter Trainer.

Die liegende Acht
Vorbereitung

Tragen Sie bequeme Kleidung und Socken. Setzen Sie sich auf einen Stuhl ohne Armlehnen, besser noch auf einen Hocker. Stellen Sie die Füße fest auf den Boden, die Beine geöffnet (ca. 90-Grad-Winkel). Sitzen Sie eher am Rand der Stuhlkante bzw. des Hockers. Legen Sie die Hände auf die Oberschenkel. Richten Sie den Rücken auf, ohne zu viel Spannung, und schließen Sie die Augen. Warum die Augen schließen? Der Augensinn ist sehr mächtig. Schließen wir die Augen, nehmen wir mehr über die anderen Sinne wahr. Bei dieser Übung geht es genau darum: unseren Körper und einzelne Körperteile bewusst zu erspüren.

Die Übung

Erspüren Sie die beiden Stellen, mit denen Sie intensiveren Kontakt zum Stuhl bzw. Hocker haben: Es sind die sogenannten

Sitzbeinhöcker, Teile des Beckens. Kreisen Sie nun mit dem gesamten Oberkörper zunächst einige Runden um den rechten Sitzbeinhöcker, dann um den linken – ganz so, als würde ein Mikado-Stäbchen mit der Spitze auf einem Tisch stehen und mit einem Finger von oben in eine kreisende Bewegung versetzt. Achtung: Es soll kein Bauchtanz werden! Die Körpermitte ist in leichter Spannung. Wenn Sie die einzelnen Runden geschafft haben, verbinden sie die beiden Kreise zu einer Acht, die auf dem Stuhl/Hocker liegt. Atmen Sie während all dem ruhig weiter. Im Kreisen lassen Sie nun Ihre Wahrnehmung, ausgehend vom Hocker, den ganzen Rumpf in Etagen hinaufwandern: Was spüren Sie genau vom Kontakt mit dem Stuhl/Hocker, was spüren Sie von Bauch und Rücken, was vom Brustkorb? Schließlich – immer langsam in der Acht kreisend – konzentrieren Sie sich auf den Kopf, auf Gesicht, Kopfhaut, Hinterkopf. Dann lassen Sie im Kreisen Ihre Gedanken zur Decke hinaufwandern, so als seien Sie mit einer dünnen Schnur, die aus Ihrem Scheitel kommt, dort befestigt. Nach einer gewissen Zeit kommen Sie mit den Gedanken wieder zurück zum Stuhl/Hocker und erspüren, wie Ihr Körper Druck auf ihn ausübt. Dann lassen Sie die Acht in Gedanken langsam kleiner werden, nicht plötzlich beenden, sondern ganz allmählich, und so werden auch Ihre Bewegungen im kleiner. Am Ende bleibt ein inneres leichtes Pulsieren zurück. Dann kommen Sie ganz zur Ruhe, sitzen einen Moment still. Öffnen Sie die Augen weit, blinzeln Sie kräftig und lassen Sie den Augensinn wieder wachwerden, bewegen Sie sich auf dem Stuhl locker hin und her, auch Nacken, Arme und Beine. Recken und strecken Sie sich.

Ziel

Diese Übung bringt uns zu uns selbst, konzentriert und schafft Abstand zu dem, was vorher war. Körper und Geist werden »synchronisiert«, wir kommen in den Augenblick hinein und unterbrechen endlose Gedankenketten. Die Übung wirkt entspannend und belebend zugleich, Stress wird herabgemindert. Wir lernen, unseren Körper zu erspüren (»Wie fühlt sich mein Rücken an?«), und stärken unsere Selbstwahrnehmung.

Dauer
Ca. 8–10 Minuten

Der lachende Buddha
Vorbereitung
Fast genauso wie bei der liegenden Acht: Tragen Sie bequeme Kleidung und Socken. Setzen Sie sich auf einen Stuhl ohne Armlehnen, besser noch auf einen Hocker. Stellen Sie die Füße fest auf den Boden, die Beine geöffnet (ca. 90-Grad-Winkel). Sitzen Sie eher am Rand der Stuhlkante bzw. des Hockers. Legen Sie die Hände auf die Oberschenkel. Richten Sie den Rücken auf. Nun aber lassen Sie die Augen geöffnet.

Die Übung
Phase 1 – Das Buch lesen
Sie nehmen beide Arme vor den Körper und winkeln die Unterarme leicht an, sodass die Ellenbogen in Richtung Becken weisen. Die Handinnenflächen weisen nach oben, in Verlängerung der Unterarme. Der Rücken ist nach hinten hinaus gewölbt, der Bauch leicht eingezogen. Auch der Kopf folgt der Wölbung des Rückens, der Blick geht schräg nach unten auf die Handflächen. Es sieht aus, als läsen Sie in einem unsichtbaren Buch, das Sie vor sich in Händen halten.

Der Übergang – Das Fenster öffnen
Sie richten langsam den Rücken auf. Mit dieser Aufrichtung wandern auch die Arme mit, bis die Oberarme waagerecht zum Boden stehen, die Unterarme im rechten Winkel nach oben

weisen. Sie schauen in die flach geöffneten Handflächen, denn auch Ihr Blick hat sich aufgerichtet. Von dort versuchen Sie, die Ellenbogen vom Körper wegzuschieben, bis Sie merken, wie Ihre Schultermuskulatur zu arbeiten beginnt. Dann öffnen Sie die abgewinkelten Arme wie die beiden Flügel eines Fensters. Vorsicht: Achten Sie darauf, dass die Schultern unten bleiben und der Hals lang!

Phase 2 – Buddha lacht
Sie führen die Arme weiter, bis beide seitlich von Ihrem Körper stehen, die Oberarme weiterhin waagerecht, die Unterarme unverändert angewinkelt und senkrecht. Nun bewegen Sie beide Hände nach oben und aufeinander zu, bis sie sich über Ihrem Kopf treffen, nicht aber berühren. Auf dem Weg dorthin drehen Sie die Handflächen nach außen, schräg nach oben. Halten Sie die Schultern unten, wenn Sie die Arme anheben. Mit dem Anheben der Arme richtet sich der Rücken weiter auf, Brustbein und Blick zeigen jetzt schräg nach oben, vom Körper weg – ganz so, als schauten Sie in die aufgehende Sonne oder einfach in den blauen Himmel hinein.

Phase 3 – Zurück in die Ausgangshaltung (Das Fenster schließen und das Buch wieder öffnen)
Die Arme nehmen den gleichen Weg zurück: Senken Sie sie seitlich, bis die Oberarme horizontal stehen, dann schießen Sie die Oberarme beide parallel vor den Oberkörper wie die beiden Flügel eines Fensters, wölben Sie dabei den Rücken wieder leicht nach hinten hinaus und ziehen den Bauch etwas ein. Der Blick senkt sich: Buddha liest wieder im Buch.

Atmung

Diese Übung hat einen festen Atemrhythmus: Lesen Sie im Buch, so atmen Sie aus. Öffnen Sie das Fenster, so atmen Sie ein. Der lachende Buddha macht eine Atempause. Bei der Rückkehr in die Ausgangsposition (Schließen des Fensters) wird dann ausgeatmet. Beachten Sie: Erst einmal die Bewegung üben, dann auf die Atmung achten, beides zugleich ist zu viel auf einmal.

Ziel

Der lachende Buddha ist eine Bewegung, mit der die gesamte Rumpf-, Arm- und Schultermuskulatur durchbewegt wird. Darüber hinaus führt sie in zwei ganz unterschiedliche Körperhaltungen. Phase 1 ist die nach innen gerichtete Haltung, in der wir auf uns selbst achten und hören. Phase 2 ist die totale Öffnung für das, was wir von außen wahrnehmen. Wir vergegenwärtigen uns hier zwei wesentliche Aspekte unseres täglichen Lebens: sich zurückziehen – sich öffnen. Die Körperübung lässt uns verinnerlichen, dass es beide Teile braucht, die Besinnung auf uns selbst ebenso wie die Öffnung für Eindrücke von außen. Ihren Namen hat die Übung von der Darstellung des lachenden Buddhas, der beide Hände über den Kopf erhoben hat.

Dauer

Die Übung wird in Sets zu sechs Wiederholungen durchgeführt. Dann pausieren, Körper lockern und ggf. wiederholen.

Die Koffer-Übung

Vorbereitung

Diese Übung kann stehend und sitzend durchgeführt werden, ringsherum wird etwa eine Armlänge Raum benötigt. Die Übung kann in normaler Straßenkleidung und in Schuhen (allerdings ohne höheren Absatz) durchgeführt werden.

Vorbereitung zur Durchführung im Sitzen

Setzen Sie sich auf einen Stuhl ohne Armlehnen, besser noch auf einen Hocker. Stellen Sie die Füße fest auf den Boden, die

Beine geöffnet (ca. 90-Grad-Winkel). Sitzen Sie eher am Rand der Stuhlkante bzw. des Hockers. Legen Sie die Hände auf die Oberschenkel. Richten Sie den Rücken auf.

Vorbereitung zur Durchführung im Stehen

Stehen Sie mit leicht gebeugten Knien, die Füße etwa hüftbreit voneinander entfernt. Achten Sie darauf, dass Sie nicht ins Hohlkreuz gehen, sondern das Becken waagerecht halten. Sobald Sie in der stehenden Position nicht nur Ihren Rücken, sondern auch Ihren Bauch spüren, machen Sie es richtig. Die Arme hängen seitlich vom Körper entspannt herab.

Die Übung

Stellen Sie sich vor, dass Sie zwei schwere Koffer hochheben, die alle Ihre Kraft benötigen. Ballen Sie die Hände kraftvoll zu Fäusten, winkeln Sie die Arme an und ziehen Sie die Schultern hoch in Richtung der Ohrläppchen. Währenddessen atmen Sie ein. Halten Sie die Anspannung in Händen und Armen sowie den Atem für einen Moment. Nun stellen Sie sich vor, wie Sie die schweren Koffer mit einer plötzlichen und kräftigen Bewegung aktiv zu Boden werfen. Sie stoßen sehr kräftig so viel Atemluft wie möglich mit einem Mal aus und schleudern Ihre geballten Fäuste in Richtung Boden. Die Hände öffnen sich während dieser schnellen Bewegung, die Arme strecken sich. Der gesamte Oberkörper geht der Bewegung der Hände und Arme leicht hinterher und beugt sich nach vorn. Gehen Sie nach einer kurzen Pause wieder in die Ausgangsposition und wiederholen Sie die Bewegung drei- bis viermal. Im Anschluss sollten Sie umhergehen und dabei die Arme und Beine ausschütteln.

Ziel

Diese einfach zu erlernende Übung verbindet eine kräftige Atembewegung mit einer An- und Entspannung der oberen Extremitäten und Rumpfmuskulatur. Sie dient dem Stressabbau und kann Verspannungen lösen, zugleich kann sie auch belebend und kreislaufanregend wirken. Von besonderem Vorteil ist, dass sie sowohl als reine Körperübung vollzogen als auch mit Sinn gefüllt werden kann. Die imaginierten schweren Koffer können Belastungen, Stress, schwere Gedanken oder anderer »Ballast« sein, der während der Übung symbolisch abgeworfen wird. Die im Anschluss an die Übung empfundene Entspannung und/oder Belebung kann befreiend wirken: »Hier und jetzt spüre ich für den Moment keinen Ballast, der mich niederdrückt.«

Dauer
Diese Übung dauert bei drei bis vier Wiederholungen maximal fünf bis sechs Minuten inklusive der Anleitung.

Vom Außen zum Innen
Vorbereitung
Diese Übung eignet sich für Gruppen, zum Beispiel für haupt- und ehrenamtliche Begleiterinnen und Begleiter. Benötigt wird ein Raum, der es ermöglicht, dass alle Teilnehmerinnen und Teilnehmer sich frei umhergehend im Raum bewegen können.

Die Übung
Die Übungsleiterin bzw. der Übungsleiter erläutert, dass die folgende Episode als Erfahrungsübung schweigend zu vollziehen ist, damit jede und jeder sich auf sich selbst und die eigene Wahrnehmung konzentrieren kann. Angekündigt wird ebenfalls, dass die Übung aus mehreren aufeinander folgenden Teilen besteht. Der Übungsleiter erklärt, dass in jeder der Phasen drei Ebenen der Wahrnehmung registriert und erinnert werden sollen: 1. Was höre und was sehe ich? 2. Welche Gedanken gehen mir gerade durch den Kopf 3. Wie fühle ich mich gerade, wie fühlt sich das an, was ich gerade tue?

Teil 1

Die Teilnehmer/-innen werden aufgefordert, kreuz und quer jeder für sich durch den Raum zu gehen. Nach ca. zwei Minuten erfolgt die Anweisung/Einladung, auf den drei zuvor genannten Ebenen wahrzunehmen (Sehen/Hören, Denken, Fühlen). Es empfiehlt sich, diese Ebenen erneut zu benennen.

Teil 2

Die Teilnehmer/-innen werden aufgefordert, den Kopf auf die Brust sinken zu lassen und so weiterzugehen. Wiederum nach ca. zwei Minuten erfolgt die Anweisung/Einladung, bewusst auf den drei genannten Ebenen wahrzunehmen und vor allem Veränderungen in der Wahrnehmung zu registrieren.

Teil 3

Die Teilnehmer/-innen werden aufgefordert, zusätzlich zum gesenkten Kopf, die Arme um den Körper zu schlingen und wiederum weiterzugehen. Erneut nach ca. zwei Minuten erfolgt die Anweisung/Einladung, bewusst auf den drei genannten Ebenen wahrzunehmen.

Teil 4

Die Teilnehmer/-innen werden aufgefordert, in der Körperhaltung zu bleiben, aber nicht länger umherzugehen, sondern stehenzubleiben. Nach ca. zwei Minuten erfolgt die Aufforderung/Einladung zur Wahrnehmung auf den genannten Ebenen.

Teil 5

Die Teilnehmer/-innen werden aufgefordert, wieder loszugehen und dann nach und nach die Arme sinken zu lassen und den Kopf wieder zu heben. Ein letztes Mal erfolgt die Aufforderung/Einladung, auf den drei Ebenen von Sehen/Hören, Denken und

Fühlen wahrzunehmen. Dann sind alle eingeladen, an ihre Sitzplätze zurückzukehren.

Auswertung

Die Teilnehmer/-innen werden vom Übungsleiter nach ihren Wahrnehmungen auf den unterschiedlichen Ebenen und in den verschiedenen Teilen der Übung gefragt: Was haben Sie gesehen, gehört, gedacht und gefühlt?

Ziel

Diese Übung kann zu der Erfahrung verhelfen, wie eine Veränderung der Körperhaltung auf die Innenbewegung Einfluss hat: Nehme ich eine andere Körperhaltung ein, wird das meinen inneren Zustand verändern können. Ich werde zunächst anderes im Außen wahrnehmen (Hören und Sehen), aber mir werden auch andere Gedanken kommen und ich werde mich anders fühlen. Erstaunlich ist, dass die Haltungsveränderung individuell unterschiedliche Folgen für das Denken und Fühlen haben kann. Genießen es manche, stillzustehen und die Arme um sich zu spüren (»Da war ich ganz bei mir!«), verspüren andere Enge und Unwohlsein bis hin zu einem Gefühl von Einsamkeit und Traurigkeit. Die Übung macht auf einfache Art und Weise erfahrbar, welches Potenzial allein in einer Veränderung der Körperhaltung liegen kann: Meine Körperhaltung kann mein Denken und Fühlen beeinflussen. So wird die die Kraft der Körperlichkeit erlebbar.

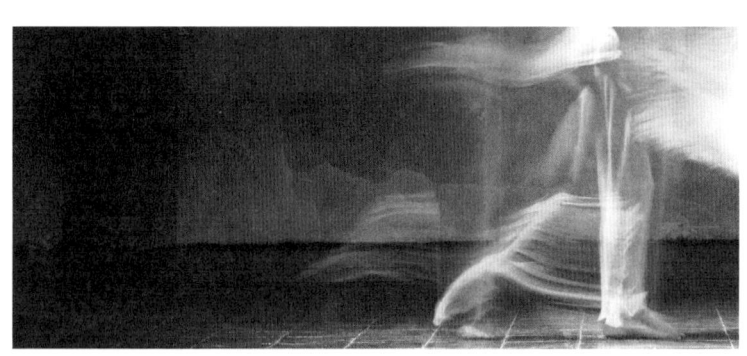

Schlussbemerkung: Leben ist Bewegung – manchmal sogar Tanz

Aristoteles nennt Bewegung die Verwirklichung des Potenziellen (vgl. Aristoteles, 1907, S. 227). Selbst dort, wo ein trauernder Mensch in Verlust oder Krise erstarrt und wie eingefroren scheint, existiert doch die Möglichkeit zur Bewegung. Oder es gibt Bewegung unter der »Oberfläche« – jenseits unserer Wahrnehmung. Wir dürfen darauf vertrauen, dass Zeit und Raum sich finden werden, in denen ein Mehr oder ein Anderes von Verwirklichung möglich werden, wo Leben in anderer Fülle zur Bewegung kommt, wo jenseits von Verhärtung und Erstarrung Erweichung und Verflüssigung zutage treten können – ohne dies zu müssen.

Sind wir als Menschen allesamt darin verbunden, dass wir ohne Ausnahme Verlust und Trauer erfahren, so dürfen wir auf unsere Mitmenschen schauen mit dem Blick von »Mitwissern«. Im Grunde sind wir Teil einer gigantischen Selbsthilfegruppe und dürfen uns einander zugesellen, uns auf einander zubewegen – geistig wie körperlich. So kommen wir selbst in Bewegung und vermögen vielleicht auch unser Gegenüber zu bewegen, in Bewegung zu versetzen.

Entdecken wir den Spielraum zur Bewegung! Wie in einem Tanzsaal geht es dort an manchen Tagen sehr lebendig, laut und bunt zu. An anderen Tagen ist Ruhetag, dann muss der Saal auf die Tanzenden warten. Aber die Schrammen und Kratzer auf dem Parkett zeugen davon, dass dieser Raum ein großes Potenzial birgt. Teresa von Ávila hat gesagt: »Ich halte es für unmöglich, dass die Liebe sich damit begnügt, stehen zu bleiben« (Ruhrbach u. Sudbrack, 1989, S. 300). Vielleicht muss sie es doch von Zeit zu Zeit, denn Tanz lebt vom Rhythmus und kein Rhythmus kommt ohne Pausen aus. Und dann folgt der nächste Schritt.

Literatur

Aristoteles (1907). Metaphysik. Ins Deutsche übertragen von Adolf Lasson. Jena: Eugen Diederichs.
Bandura, A. (1994). Self-efficacy. In V. S. Ramachaudran (Eds.), Encyclopedia of human behavior (Vol. 4, pp. 71–81). New York: Academic Press.
Baudelaire, Ch. (1861). Les fleurs du mal (2., erweit. Aufl.). Paris: Poulet-Malassis.
Bowman, J. (2017). Ein guter Abschied. Podcast. Zugriff am 20.10.2017 unter http://www.immerundendlich.de/2017/10/04/08-ein-guter-abschied/
Brathuhn, S. (2006). Trauer und Selbstwerdung. Eine philosophisch-pädagogische Grundlegung des Phänomens Trauer. Würzburg: Königshausen und Neumann.
Buber, M. (2017). Das dialogische Prinzip (14. Aufl.). Gütersloh: Gütersloher Verlagshaus.
Delbrêl, M. (1995). Nous autres, gens des rues. Paris: Points.
Dufner, M. (2009). Seele ist Körper. Münsterschwarzach: Vier-Türme-Verlag.
Hülshoff, T. (2006). Emotionen. Eine Einführung für beratende, therapeutische, pädagogische und soziale Berufe (3., aktualis. Aufl.). München u. Basel: Reinhardt.
Jacobs, D. (1985). Die menschliche Bewegung (5. Aufl.). Seelze/Velber: Kallmeyer.
Kern, M., Aurnhammer, K. (2008). Aisthesis. »Isn't he beautiful?«. Von der Wahrnehmung des Schönen. In 15 Jahre ALPHA Rheinland – »Die Mysterien finden im Hauptbahnhof statt«. Bonn: Pallia-Med-Verlag.
Kluge, Fr. (Begr.) (2011). Kluge – Etymologisches Wörterbuch der deutschen Sprache. Bearb. von Elmar Seebold (25., durchgesehene u. erweit. Aufl.). Berlin u. Boston: de Gruyter.
Koch, S. C. (2009): Embodiment. Leib-Sein als Brücke zwischen Kognitionswissenschaft und künstlerischen Therapien. Zeitschrift für Theater und Dramatherapie, 1, 46–64.
Mauser, W., Pfeiffer, J. (Hrsg.) (2003). Trauer. Würzburg: Königshausen und Neumann.
Müller, M. (2004). Dem Sterben Leben geben. Die Begleitung sterbender und trauernder Menschen als spiritueller Weg. Mit einem Nachwort von Matthias Schnegg (2. Aufl.). Gütersloh: Gütersloher Verlagshaus.

Müller, M., Schnegg, M. (2016). Unwiederbringlich. Von der Krise und dem Sinn der Trauer. Göttingen: Vandenhoeck & Ruprecht.
Pascal, B. (1687). Pensées diverses III. Fragment n° 3 / 85. Zugriff am 27.10.2017 unter http://www.penseesdepascal.fr/XXV/XXV3-moderne.php
Richter, K. F. (2011). Erzählweisen des Körpers. Kreative Gestaltarbeit in Therapie, Beratung, Supervision und Gruppenarbeit (2. Aufl.). Göttingen: Vandenhoeck & Ruprecht.
Ruhrbach, G., Sudbrack, J. (Hrsg.) (1989). Christliche Mystik. Texte aus zwei Jahrtausenden. München: C.H. Beck.
Schnegg, M. (2014). Erwärmen in der Trauer. Psychodramatische Methoden in der Begleitung. Göttingen: Vandenhoeck & Ruprecht.
Soyka, A. (Hrsg.) (2004). Tanzen und tanzen und nichts als tanzen. Tänzerinnen der Moderne von Josephine Baker bis Mary Wigman. Berlin: AvivA.
Steinmetz, A. (2016). Nonverbale Interaktion mit demenzkranken und palliativen Patienten. Wiesbaden: Springer VS.
Tschacher, W., Munt, M., Storch, M. (2014). Die Integration von Tanz, Bewegung und Psychotherapie durch den Embodimentansatz. körper – tanz – bewegung, 2 (2), 54–63.
Tschacher, W., Storch, M. (2012). Die Bedeutung von Embodiment für Psychologie und Psychotherapie. Psychotherapie, 17. Jg., 17 (2), 259–267.
Warwitz, S. A. (2016). Sinnsuche im Wagnis. Leben in wachsenden Ringen (2., erweit. Aufl.). Baltmannsweiler: Schneider Hohengehren.
Zacharias, G. (1962). Ballett – Gestalt und Wesen. Die Symbolsprache im europäischen Schautanz der Neuzeit. Köln: DuMont.